El Dominio
de la
Conciencia

El Dominio de la Conciencia

Viviendo los Acuerdos

Doña Bernadette Vigil
Con la doctora en medicina
Arlene Broska

Ilustraciones de doña Bernadette Vigil

Prólogo de don Miguel Ruiz,
Autor de "The Four Agreements"
(Los Cuatro Acuerdos)

INNER TRADITIONS

Lasser Press
Mexicana, s.a. de c.v.
México, D.F.

Título original: *Mastery of Awareness*
Traducción al español por: Martha Laura Malo E.
de la edición en inglés de Bear & Company,
One Park Street, Rochester, Vermont 05767, USA.
www.InnerTraditions.com

Bear & Company es una división de Inner Traditions International

Pintura de la cubierta: *The Direction of the West* por Bernadette Vigil
Diseño de la portada: Peri Champine

Nota para el lector: La intención de este libro es ser una guía informativa. Los acercamientos y técnicas descritas aquí no tienen el propósito de ser un sustituto del cuidado médico profesional o tratamiento psiquiátrico.

ISBN 968-458-517-9 (Lasser Press Mexicana, S.A. de C.V.)
ISBN 0-89281-695-3 (Bear & Company)

IMPRESO EN MEXICO
PRINTED IN MEXICO

Las Abuelas

Las
Abuelas
de la
sabiduría
murmuraban
en mi
oído
mientras el
sonido
de
sus voces
se hacía eco
en mi corazón,
el eco
abrió
la entrada
a un lugar
que sólo
las
Abuelas
pueden

compartir
el hoyo
de nacimiento de oscuridad
y frialdad,
mientras estoy flotando
en las venas
del
cuerpo de la Madre
para
convertirme en
todas las partes
de su existencia,
pasar solamente
a conocer
el Secreto,
es sólo
una broma
mientras
las
Abuelas
sonríen.

Doña Bernadette Vigil

Contenido

RECONOCIMIENTOS

Gratitud y Respeto
a los Espejos Llamados Maestros

Mi madre, Aurora Leyva Vigil (santa), mi padre, Ra-
món José Durán Vigil (proveedor y roca); mis abuelas
Dolores Nieto Leyva (curandera y superviviente) y
Dolores Durán Vigil (partera, matrona); Hermana Juli-
ta; Dra. Sherrie Abend-Fels; Lama Karma Dorji; don
Miguel Ruiz; doña Gaya Jenkins: Gurumayi; Sathya
Sai Baba; los atardeceres que transformaron mi visión
del Despertar; la luna, estrellas, árboles y todos los
animales que compartieron sus vidas conmigo como un
tremendo Amor Incondicional y especialmente a
Hiquitie y a mí misma.

Amigos Espejos

Doña Gaya Jenkins, Norte; yo misma, Sur; doña Gini
Gentry, Este; doña Rita Rivera, Oeste.
Don Luis Molinar, Victoria Molinar, Trey Jenkins (Ra-
makrishna Ananda), don Pedro.

RECONOCIMIENTOS

Comadres

Elena Avila, Gina Herrera, Reyna Luna y Gabriela López Waterman.

A los guerreros que Confiaron en mi Espejo

Arlene Broska, doña Wanda Lobito, don Nicola Prassinos, doña Margarita Sánchez, don Chris Dixon, don Alvaro Sánchez, Catharine Marzalik, Preetie Keel, Rhonan Heitzamnn, David Norget, Tess Carvajal, Lennie Tan, Gayle Dawn Price, Liz Forrest, Gloria Valencia, Brandt Morgan, Mitra Sarkosh, Andrea Usher, M. Luisa Guerrero, Lynda Foishe, Michael Humphery, Rudy Miera, Sandra Grueiro, Heidi Shepherd, Christinea Johnson, Jean Rael, Kate Dow Gaur, Manish Gaur, Mersedeh Kheradmand, Federique Botermans, Gabby Peprisan, Samuel Rutenberg, Luis Kahn, Sandra Lee Tatum, Viola Vigil, Belinda Trujillo, Jeanne y Jennifer Jenkins, Tita Weems, Brian Claro, Juan Antonio López, Wilma León, Tomás Reale, Patricia Klesinger, Dolores Vigil Cruz, Alicia Maes, Pat Lessard, Deidre Bainbridge y Gerard.

Agradecimientos Especiales

Inner Traditions International y Bear & Company; Arlene Broska y Barbara Moulton.

PRÓLOGO

*EL DOMINIO DE LA CONCIENCIA ES UNA EXCELENTE RECA-*pitulación de más de diez años de duro trabajo, en el viaje de doña Bernadette por el camino de la libertad. Esta es una fascinante descripción de la transformación de una mujer que vivió su vida siendo víctima de sus propias creencias y juicios, sobre el papel de la mujer en la sociedad.

Doña Bernadette inició una rebelión en contra del sufrimiento que las mujeres han soportado por muchos siglos, una revolución contra los papeles que muchas mujeres han asumido como víctimas indefensas de la sociedad. Durante toda su vida, vio a muchas de ellas convertidas en víctimas, condenadas a sufrir un abuso interminable. Doña Bernadette no quiso convertirse en otra víctima de la injusticia, por lo que eligió la búsqueda del sendero de la iluminación y del guerrero Espiritual.

En su viaje, mientras doña Bernadette descubría la decepción de su punto de vista y del propio maltrato que ello producía, empezó a ver el dolor que todas sus creencias le causaban. Ella se había escondido por demasiado tiempo tras las máscaras de rectitud, orgullo y vanidad. Recuperar su conciencia fue un conocimiento extremadamente doloroso de la verdad y las mentiras de su creación. En este libro, doña Bernadette describe cada paso de su largo y dedicado viaje, con palabras que hablan directamente desde el corazón. Con enternecedora autenticidad, ella comparte su transformación, de una víctima indefensa a una mujer de poder y sabiduría.

Doña Bernadette y yo hemos trabajado juntos por más de diez años. En los primeros años, ella era parte de un grupo especial de cuatro mujeres que practicaban el Dominio de la Transformación Acecho, que forma parte del Dominio de Conciencia. Doña Bernadette fue mi mejor aprendiz y pronto se convirtió en una maestra o mujer nagual de mi grupo. El momento de su iluminación ocurrió en Hawai, y fue entonces que escogió transformar completamente su punto de vista por uno de amor.

Desde 1994 doña Bernadette ha estado guiando a muchos aprendices hacia su iluminación. Por muchos años fue mi principal asistente en diversos viajes de poder, y ahora ella es la líder de sus propias jornadas de poder. La sabiduría y el amor que ha compartido como maestra en talleres y clases, está ahora disponible en este libro. Como las muchas personas cuyas vidas han sido enriquecidas por las enseñanzas de doña Bernadette, usted puede encontrar en este libro la oportunidad para cambiar la dirección de su vida.

Don Miguel Ruiz

INTRODUCCION

MI DESEO DE CONVERTIRME EN UN GUERRERO ESPIRITUAL en el camino Tolteca empezó cuando era joven, durante mi búsqueda de la felicidad y satisfacción. En mis primeros años, siempre estaba buscando algo. Tomé muchos riesgos y a menudo sentía como si yo fuera en contra de los sistemas de creencia de la sociedad. Siempre había una especie de lucha dentro de mí. No me sentía feliz ni contenta en la vida. Cuando era muy joven, creí fuertemente en la Iglesia Católica y seguí sus enseñanzas con todo mi corazón. Exploré convirtiéndome en una religiosa enclaustrada o monja. También visité otras iglesias para ver cuáles eran sus intenciones, sus palabras y su amor. Nada de todo ello me habló.

Finalmente, tuve un despertar cuando mi pareja vino y me dijo que nuestra relación había terminado. Mi corazón estaba roto. Sin tristeza o autocompasión, decidí subir a las montañas para descender dentro de una cámara de llanta. La primera vez que lo hice, me rompí seis costillas y fui hospitalizada. Era el Año Nuevo de 1990. Había luna llena y estaba azul. Mi ex-compañero no vendría a verme al hospital y sólo tuve unas cuantas visitas. Sentía que mi vida estaba muy vacía. Me di cuenta que en realidad estaba sola, y que

13

todos nosotros, como seres humanos, debemos atravesar solos por nuestros procesos individuales, aunque haya otras personas a nuestro alrededor.

De niña vi algunas visiones y espíritus. En 1990, mientras yacía en la cama del hospital, vi imágenes de Jesús en la cruz, cayendo a la velocidad de la luz. Las visiones me ayudaron a ver mi vida. Aunque tenía el corazón roto porque mi pareja no quería estar conmigo, me di cuenta que había algo más en la vida. La mía no se trataba de hacer dichosa a alguna persona o esperar que alguien me hiciera feliz. Supe que tenía que encontrar la felicidad dentro de mí. Esto se convirtió en mi propósito. Quería sentir una satisfacción y paz total, tanto, que no importara que un compañero se quedara o se fuera. Si él escoge irse, nunca más se llevaría mi felicidad. Nada lo haría.

Mi accidente fue un despertar del Espíritu y no un percance en realidad. El Espíritu siempre me estaba hablando, pero yo simplemente no lo escuché, como no lo hace la mayoría de la gente. Necesité experimentar una sacudida en mi cuerpo físico, para que no tuviera ningún lugar hacia donde correr. Para curarme, me vi forzada a sentarme derecha, por semanas. Esa situación se convirtió en un momento de contemplación y búsqueda de mí misma. Tan pronto como las seis costillas sanaron, fui al Centro Budista Tibetano

K.S.K. y por un tiempo estudié con el Lama Karma Dorje. Aprendí cómo meditar. Varios meses después un amigo me habló de don Miguel, un chamán que había llegado a la ciudad. Fui a una conferencia y luego empecé a estudiar con él. El trabajo fue muy poderoso para mí. Puse el cien por ciento en esto; no tenía nada que perder.

Mientras estudiaba con don Miguel, hice mi primer viaje de poder a las pirámides de Teotihuacan. Participé en una ceremonia de guerreros Toltecas, en el lugar donde las habían realizado miles de años atrás. Mi vida empezó a transformarse a cada momento. Después del viaje, don Miguel me preguntó si quería convertirme en una aprendiz. En ese tiempo había muy pocos. Yo acepté. Escogió a cuatro de las mujeres que estábamos estudiando con él, para representar las cuatro direcciones; yo fui el Sur. Empezamos a reunirnos semanalmente, en grupos de Acecho en mi hogar, una hermosa y pequeña casa de adobe, sin electricidad, que usaba una estufa de leña para calentar. Muchos meses después, se nos unieron otra mujer y un hombre quien había sido entrenado como un nagual. No nos importó la nieve, la lluvia, ni el sol. Dimos nuestras palabras para vernos a nosotros mismos y practicamos Acecho por casi dos años. Compartimos nuestras vidas. Nos sanamos juntos y nos amamos y respetamos mutuamente como "espejos". También aprendimos un nuevo nivel de amor y respeto hacia nosotros mismos. Nuestro trabajo necesitó de una gran disciplina y un deseo verdadero de ver hacia dentro. Requirió de mucha concentración y entrega.

Al tercer año de aprendizaje, yo había hecho mucho Acecho. Había adquirido cada vez más poder personal y había asistido a muchos viajes de poder con don Miguel y doña Gaya, la mujer nagual en ese momento. Una adorable mujer con mucho poder que era muy directa y una maestra mágica. La mayoría de los viajes de poder para cambiar la vida, que tomé con ellos, fueron en Hawai. Caminamos con un grupo de guerreros Espirituales por tres horas hacia dentro de un volcán donde don Miguel efectuó una ceremonia, pero algo le pasó. Después me enteré que estaba teniendo un serio ataque cardíaco. En ese momento, todo lo que supe fue que él no estaba en su acostumbrada forma de poder y que doña Gaya ya se había ido para empezar la caminata fuera del volcán.

Mis instintos y sabiduría interna, me dijeron que había algo que yo tenía que hacer porque sentí que don Miguel estaba dejando su cuerpo. No tenía yo teléfono ni contacto con alguien que no fueran los guerreros Espirituales que estaban allí, y teníamos que caminar por tres horas para salir del volcán. Además, la

mayoría de mis acompañantes estaban iniciando guerreros Espirituales, así que no podía decirles nada y
tuve que mantenerlos concentrados. En aquel instante
decidí ayudar a don Miguel, jalando la energía de la
Madre Tierra hacia mi vientre, y poniendo mis manos
sobre él. Fui capaz de jalar mucha energía, porque
Hawai es una tremenda fuente de energía pura de la
Madre Tierra. Al compartir mi amor y energía con don
Miguel, nuestros espíritus emergieron y nos volvimos
uno solo. Entonces empezamos una lenta caminata
para salir del volcán. Sentí como si fuera con Jesús caminando hacia su crucifixión, el momento de la transformación cuando dejaría su cuerpo físico. En ese momento, don Miguel casi salió de su cuerpo físico. Mientras caminábamos, también lo vi cambiar y volverse
seres diferentes desde diversas vidas. Además, vi y sentí a los guardianes de las rocas mandar su energía a mi
Voluntad. Al final, logramos salir del volcán y subir a
la camioneta.

Con esa experiencia, todo mi ser se transformó y
cambió. De verdad, no hay palabras para describirlo,
pero experimenté una gran felicidad por mi propia entrega para la supervivencia de otro ser humano. Fue la
más incondicional expresión de amor. Desde el momento en que mi espíritu y el de don Miguel emergieron, me convertí en la segunda mujer nagual (doña

17

Gaya fue la primera). Nunca había soñado en ser una realizada mujer nagual. No sabía que había nacido nagual, un ser con un huevo doble o campo de energía. Simplemente era mí sueño llegar a alcanzar la felicidad y la paz con cada aliento. No deseaba ninguna situación que alguna vez pudiera quitarme mi felicidad porque ella estaría dentro de mí. Al dar mi amor y energía para que don Miguel sobreviviera, recibí el más maravilloso regalo. Experimenté una verdadera felicidad y un amor incondicional. A partir de ese momento, me convertí en maestra. Desde entonces, he compartido y servido a muchos y muchos guerreros Espirituales que ahora son grandes maestros. Hoy tengo paz en mi vida con cada aliento. Nada puede quitarme mi felicidad porque está dentro de mí.

Con este libro, comparto con usted el viaje para realizar su verdadera naturaleza, que es felicidad, y su verdadero espíritu es festivo y se ama a sí mismo. Una vez que se ame de verdad a usted mismo, podrá amar a los demás incondicionalmente, sin ninguna expectativa. Este libro lo guía para ver dentro de su corazón y abrir las puertas que usted ha cerrado. Para estar satisfecho, debe tener el coraje de quitar los cerrojos a esas puertas y amar las partes de usted que están detrás de ellas. Le doy este libro con todo mi amor y respeto.

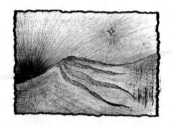

1

PERSPECTIVA GENERAL

El Sueño del Planeta

LOS TOLTECAS CREIAN QUE VIVIMOS LA VIDA EN UN SUE-ño. Veían que la mayoría de la gente vive en el Sueño del Planeta o en los sistemas de creencia de la vida diaria. Los Toltecas también creían que podríamos llegar a ser guerreros magistrales y trascender en el Sueño del Planeta con sus limitaciones para crear nuestro propio Sueño ilimitado. Para nosotros, el Sueño del Planeta es nuestro mundo como lo conocemos hoy.

Consiste en nuestras sociedades, gobiernos, sistemas de creencias y nuestras reglas y expectativas. Son las estructuras por las cuales vivimos nuestras vidas, establecemos nuestras metas y luchamos para obtener ciertas cosas en la vida, tales como buenos trabajos, familias, casas bonitas, educación, nivel social y así sucesivamente. Dentro de este Sueño puede haber algunas creencias básicas, como la que nos dice que si llevamos "buenas vidas" y vamos a la iglesia/templo/mezquita nos reuniremos con Dios después de la muerte.

Aunque hoy en día muchas sociedades ricas en aspectos materiales y nosotros, como individuos, tenemos demasiado en la vida, a menudo estamos vacíos por dentro, buscando algo más que nos haga felices. Entre nosotros es rara la persona que se siente satisfecha en la vida y no anhela algo. Esta búsqueda por "algo más" nos ha conducido a perseguir la espiritualidad, para encontrar a Dios, el Espíritu, la Fuerza o Jesús. Tendemos a creer que si podemos conectarnos con el Espíritu o Dios, encontraremos felicidad, paz, satisfacción o amor incondicional, y por lo tanto, ya no sentiremos que algo nos falta.

Hoy, la gran apertura a la información, fuera de los sistemas tradicionales de creencia o el Sueño del Planeta, ha resultado en el florecimiento de muchas creencias alternativas. En este momento, la Espiritualidad está de moda. Ahora que estamos en un nuevo milenio, no es un momento demasiado temprano. Nuestro mundo, como lo conocemos, está cambiando; la energía se está moviendo más rápido que nunca en el planeta. Este periodo puede ser un momento de una tremenda transformación, si despertamos a nuestro verdadero ser o, si no queremos enfrentarnos a nosotros mismos, puede ser de inmensa devastación, tragedia e insatisfacción. Hay muchos caminos, pero el que trabaja por nosotros es uno que abre el corazón. Sabemos que es el que nos corresponde, cuando nos hace decir "Sí, esa es mi vida". Luego, sentimos una sensación de paz, y las puertas del corazón se derriten para abrirse. Este libro está escrito para cada uno de nosotros, para que podamos decir "Sí, esa es mi vida".

Los Toltecas

Los Toltecas fueron personas de conocimiento y sabiduría: artistas de vida. Su propósito fue hacer cada momento magistral. Debido a su gran amor y respeto por ellos mismos, crearon un ambiente impecable, uno de satisfacción. Al ver hacia dentro de su ser para sanar al guerrero Espiritual herido, dominaron un nivel de estar totalmente vivos, y de crear el cielo en la tierra. En todo momento estaban preparados para ver, por dentro y fuera, los árboles, los animales y a toda la vida, incluyendo más allá del siguiente nivel de Dios. Los Toltecas sintieron que los humanos tenían la capacidad para ser maestros, de creer en una vida sin limitaciones, y confiar en que había algo más allá de lo que ya conocían. Estos artistas de vida vinieron para crear y estar abiertos al amor infinito — la visión de todos los seres para la paz del corazón, mente y aliento.

Había dos niveles de aprendizaje Tolteca: el Caballero Jaguar y el Caballero Águila. Los aprendices eran guiados por un nagual, un maestro de no limitaciones. Los dos niveles representaban etapas en las cuales los aprendices se convertían en sus "yo mismo" más altos y verdaderos, y luego llegaban más allá ese punto de experiencia de eterno amor incondicional y satisfacción. Su primer paso en el viaje, era escoger ser aprendices y con el tiempo convertirse en Caballeros Jaguar. Para, al final, alcanzar el último nivel y experimentar el amor incondicional, los guerreros tenían que dominar el Acecho, el Sueño y estar atentos en cada nivel del trabajo del guerrero Tolteca. A esto se le llamó el Dominio de la Conciencia.

Cuando los primeros colonizadores llegaron a México, mataron a la mayoría de los guerreros Toltecas. Como resultado, las prácticas del camino Tolteca se escondieron en la clandestinidad y se formaron grupos secretos de guerreros Toltecas. Sus enseñanzas permanecieron ocultas hasta hace muy poco. Aún en 1990, no cualquiera podía estudiar el trabajo Tolteca. Sólo las personas escogidas pudieron convertirse en aprendices.

Acecho

Pero ahora, en la tierra, es el momento para que la sabiduría de los Toltecas sea compartida, en el Sueño del Planeta, con todos los que estén preparados. Usted es una de estas personas, si está deseoso en ser sincero con usted mismo y ser quien en realidad es. La libertad y el amor empiezan en su interior.

En este libro usted se sumergirá en el Dominio de la Conciencia a través del arte del Acecho. También puede escoger combinar este arte con otras herramientas, para encontrar el Dios y el amor que usted es. Acecho es una herramienta simple pero muy poderosa que puede auxiliarlo a ensanchar su conciencia y transformar su sistema de creencia. Lo puede ayudar si elige amar, aceptar y abrazarse a sí mismo tal como es, lo que es absolutamente perfecto. La palabra Acecho puede asustarlo y hacerlo reaccionar negativamente, pensando "Dios mío, ¿alguien me acecha?". Sin embargo, si escoge usar la sabiduría Tolteca que se presenta en este libro, olvidará todas sus viejas creencias, incluyendo aquellas sobre Acecho y creará algo nuevo. El arte del Acecho — el arte de Acecharse a usted mismo — es un proceso creativo e imaginativo, que sólo se refiere a usted; y a nadie más.

El concepto de Acecho viene del gato, que es el maestro de Acechar. Si usted decide practicar este arte será el Acechador. Como un guerrero que comienza, será un Caballero Jaguar, el gato. Acechar será su trabajo de principiante. No estará Acechando a alguien más fuera de usted mismo, ni señalará a otros, culpándolos de su desgracia. Se estará Acechando a usted mismo: sus pensamientos, sentimientos, patrones de conducta y heridas emocionales adquiridas a través de su vida. Estará apuntándose a usted mismo, buscando dentro de su propio corazón. Las puertas, una vez cerradas, comenzarán a abrirse y a sanar todas sus heridas, una a una, para que pueda vivir completamente la vida, abrazándola por lo que es. Acechar lo conducirá a la auto-curación y transformación.

El viaje para aprender Acecho para auto-sanarse y transformarse, lo llevará primero a las profundidades de su propio sistema de creencia. Aprenderá cómo el proceso de domesticación del Sueño del Planeta, lo aleja de su ser verdadero y de la libertad, paz, satisfacción y amor. En el curso de los siguientes capítulos, verá cómo el Juez y la Víctima, los que forman parte de

su propio Parásito personal, funcionan en su vida, per-
petuando la insatisfacción y la ilusión de lo que "debería" ser. Aprenderá sobre los muchos "ganchos" en la
vida, que apresan su atención y lo hacen perder el
rumbo. Verá cómo sus heridas se crean por los acuerdos que le dan los demás en el Sueño, y que son las
semillas que otros plantan en usted, por el poder de sus
palabras y acciones. Cuando cree verdaderamente en
los acuerdos, termina limitando sus experiencias en la
vida. Entonces tiene miedo de vivir y de expresar su
verdadero yo. En su lugar usa una máscara, que presenta al mundo lo que usted imagina que los demás
quieren ver. La usa para conseguir lo que piensa que
quiere, lo que cree que lo hará feliz. Sólo que nunca se
siente así. Continúa buscando más y mejores cosas,
como un mejor trabajo donde gane más dinero o una
casa más grande, otro carro o una mejor pareja. En el
proceso se siente miserable y no sabe quién es en realidad o qué es lo verdaderamente importante en su vida.

El primer juego de herramientas para encontrar su
yo y manifestar sus propias visiones, que consisten en
las cosas que quiere para su vida, son los once modelos
espirituales que se relacionan en el capítulo 10, cuyo
propósito es guiarlo en su vida diaria. En este libro, la
sabiduría Tolteca le enseña a ser un guerrero, lo que
suena violento, pero la guerra que está haciendo no es

SAUK VALLEY CC
LRC

sobre violencia. En su lugar, amará a esta guerra porque se refiere a ser amable, gentil y amoroso con usted mismo, posiblemente por primera vez en su vida. Esta guerra es en contra de las partes de su sistema de creencia que ha interiorizado y las funciones de su propia mente, tales como el Juez. Como la mayoría de la gente, es probable que usted sea su peor Juez, siempre haciéndose sentir mal. Para ganar esta guerra personal y encontrar la paz, tiene que comprometerse con usted mismo y dar el siguiente paso, que es convertirse en Caballero Jaguar y ser un aprendiz para su propio yo.

Una vez que se ha comprometido y se coloca como aprendiz de usted mismo, empiezan el viaje y el Acecho, esto es, el usar una poderosa herramienta para ayudarlo a transformar su vida. También le auxilia para reclamar la energía que ha perdido al vivir la vida; experimenta una conciencia más grande, paz interior y satisfacción; y alcanza un lugar donde siente amor incondicional por sí mismo y los demás. Depende de usted dar el primer paso, así como todos los que le siguen. Algunas veces se necesita mucho valor y perseverancia para enfrentarse a sí mismo y a su verdad. Si tiene el valor y el deseo de cambiar, entonces este libro puede ser una herramienta para ayudar a guiarlo.

2

LA DOMESTICACION DE SU ALMA

El Sistema de Creencia

EL SISTEMA DE CREENCIA DEL MUNDO, EL SUEÑO DEL PLA-
neta, proporciona un marco para todo lo que usted
percibe y al hacer esto, impacta en lo que piensa, siente y cree. Cuando empecé a hacer el trabajo en el camino Tolteca, una de las primeras cosas que aprendí,
fue qué tan importante era este sistema de creencia del
mundo, que se involucraba en mucho del trabajo que
iba a comenzar, así que necesité entender qué era, có-

mo me afectaba y qué papel jugaba en mi infelicidad. Lo mismo es verdadero para usted: le es importante comprender este sistema de creencia para que así, entienda sus razones para decidir cambiar su vida.

Todo en su vida, incluyendo su búsqueda por la verdad personal y el cambio, tiene lugar dentro del enorme sistema de creencia del Sueño del Planeta y sus muchos y diferentes niveles. Cada uno sostiene creencias específicas que se manifiestan como reglamentos, así como las consecuencias por no seguirlos. Usted puede visualizar el Sueño del Planeta, como círculos dentro de círculos de sistemas de creencia. Los sistemas de los más grandes, impactan a aquellos de los círculos más pequeños. El más grande, o sea el exterior, corresponde al del gobierno del país donde usted vive. Ese tiene una fuerte influencia sobre usted. Lo controla al establecer creencias a través de las opiniones expresadas en los documentos oficiales, tales como la Constitución de los Estados Unidos. Crea leyes que son los reglamentos por los que usted funciona; la consecuencia por no acatarlos es la cárcel.

Dentro del primer círculo está el segundo, que corresponde a su religión. Todas las religiones son sistemas de creencias con sus propias reglas y consecuencias. Las creencias de las religiones son transmitidas a través de enseñanzas tales como aquellas de la Biblia, la Tora y el Corán. Reglas como los Diez Mandamientos en la religión Católica, también existen para guiar su vida espiritual y salvarle de ir al infierno, una consecuencia por romper las reglas. Las religiones tienden a enmarcar la mayoría de las elecciones de la vida, como correctas o incorrectas. En las enseñanzas Toltecas, la religión no se ve como algo malo, correcto o incorrecto. Cada una se ve sólo como otro sistema de creencia.

Otros círculos son los sistemas de creencia de su escuela y sus compañeros, y la cultura dentro de la cual usted nació. Finalmente, se encuentra el círculo con el mayor impacto en usted: el de la familia. Esta tiene su propio sistema personal basado en los más grandes y determina la forma en que fue criado de niño. Le enseñaron lo que estaba "bien" y "mal", y lo "bueno" y lo "malo" basados en los variados niveles del sistema de creencia en el cual lo educaron. El impacto actual de estas creencias, que fueron filtradas a través de su familia es tremendo, porque, hasta que usted decida crear su propio Sueño, ellos determinan cómo se siente sobre usted mismo cada momento de la vida, así como cuáles son sus deseos.

Los sistemas de creencia del Sueño del Planeta le enseñan que hay algunas cosas que significan que usted tiene una "buena" vida. Puede cargar estas creencias en la forma de expectativas interiorizadas y deseos, tales como, "quiero tener la casa más maravillosa, con una bonita reja blanca; mi esposo va a ser tan perfecto; yo tendré niños hermosos y comerán pan blanco, suave y esponjoso". Puede ser que usted haya crecido en ese ambiente con sus padres, y a ellos, a su vez, les sucedió lo mismo con sus padres. O a lo mejor sus abuelos no tenían pan blanco, suave y esponjoso, sino tortillas y sopaipillas[1] como mi abuela y bisabuela. Los detalles pueden no ser los mismos para distintas personas, pero básicamente, los sistemas de creencia son los mismos.

La historia de una persona que estudió conmigo, Rosario, es un ejemplo típico de la influencia de la familia. El Sueño diría que su origen era "bueno" y que tenía la familia "perfecta". Pero mientras Rosario crecía, veía diferencias entre las acciones de sus padres en casa y lo que ellos presentaban al mundo, basados en sus creencias. Ella cuestionaba cosas como el matrimonio "perfecto" y el amor entre su madre y padre. A menudo vio a su padre gritarle a su madre, lanzarle ropa, zapatos y otras cosas. Aún más dramáticos fueron los tiempos en que su padre quería y casi lo logra, matar a los niños, porque estaba demasiado enojado con su esposa. Algunas veces el padre encerraba a Rosario

---

[1] N.T. Pan frito inflado y crujiente que acompaña muchas comidas del Suroeste de los Estados Unidos.

por horas en un caluroso automóvil con sus hermanas, mientras él iba a tomar a un bar. Otras, se veía atrapada en el carro mientras él manejaba por la autopista, zigzagueando por entre el tráfico. Hubo muchas llamadas cercanas. La vida de los niños peligraba porque su padre estaba muy enojado con su madre. Rosario veía a sus padres y pensaba, "¿Es esto amor? ¿Es esta una familia perfecta?".

Sus padres pensaban que necesitaban tener un matrimonio perfecto y presentaban esa imagen al mundo, ya que había sido su mundo y religión los que les habían dicho que, en primer lugar, un matrimonio perfecto era importante. Sus padres deseaban que la gente viera que se amaban lo suficiente para tener ocho hijos. Pero ¿tener hijos era en realidad amor? Rosario se dio cuenta después que, para su padre, producir niños era una afirmación de masculinidad. El ego de su padre y su deseo de poder y control sobre su madre, manifestado en acciones que insinuaban: Eres mi esposa y cada vez que quiera tener sexo contigo, lo haré, y No tomes la píldora porque tienes que tener hijos. La madre de Rosario sentía que para ser una "buena" madre, tenía que permanecer en casa con los niños todo el tiempo. Mientras, su padre tenía el control total y hacía su propia vida. Los amigos de la familia los veían como si tuvieran la "familia perfecta", pero ¿lo era en realidad?

La idea de la familia sobre la perfección, continuó más allá de la relación de la madre y el padre, y fue pasada a los niños. Ellos tenían que ser de determinada manera también. Rosario asistió a una escuela Católica y tuvo una buena educación. En su crianza Católica le enseñaron que casi todo lo que hacía era pecado. Si pensaba sobre el sexo, era pecado. Si se masturbaba en su recámara, era pecado mortal. ¿Por qué? Porque la creencia decía que sentir una sensación sexual estaba mal, aunque esto fuera muy humano. Rosario sentía que tenía que ser una buena Católica y de esa manera, ser vista por su familia y el mundo, así que trató de negar su condición de ser humano y lo que sentía. Ya que esto era difícil de hacer, "pecó" frecuentemente y tenía que ir a confesarse a menudo.

En la familia de Rosario había un número de creencias que afectaban a los niños. Cuando era pequeña, vivía con sus padres, tres hermanas y cuatro hermanos, en una enorme casa de dos pisos. En la tradición española de su familia, se pensaba que los niños no debían limpiar ni cocinar. Se suponía que las niñas limpiaran la casa y cocinaran todos los alimentos. Así que ellas se pasaban todo el fin de semana limpiando la casa, comprando los víveres y preparando las comidas, mientras que los niños salían y se divertían. También eran autoritarios y esperaban que las niñas hicieran lo que ellos querían. La reacción de Rosario era, "Chicos, ¿saben qué? nunca me voy a casar porque no es justo. Aquí no hay un equilibrio. Y definitivamente no me quiero casar con alguien parecido a mi padre o hermanos".

Otra de las creencias de esta familia, era que los mayores podían decir a los menores qué hacer. Rosario era la sexta de ocho hermanos, así que esto le afectó profundamente. Aún cuando ya había crecido, sus hermanos le decían lo que debía o no hacer, que su trabajo no era lo suficientemente bueno, que su novio era muy viejo o muy joven, o que no tenía su misma cultura y por lo tanto no era digno de ella. Creían que tenían el derecho de decir a Rosario qué hacer y ella pensaba que los debía escuchar.

Después de años de vivir de esta manera, Rosario finalmente llegó al punto en que era el momento de defenderse y se convirtió en una guerrera. Decidió dejar de escuchar todas las opiniones y sugerencias de sus hermanos, y los enfrentó a cada uno con amor y verdad. Les dijo que no tenían derecho de decirle quién ser o qué clase de trabajo tener. Debido a que habló con la verdad, ahora sus hermanos la respetan increíblemente y ella los respeta y ama tal como son. No quiere cambiarlos, tienen que desearlo por ellos mismos.

Conforme fueron creciendo y, debido al miedo a la muerte que los empujó a reflejarse en sus vidas, su mamá y papá cambiaron. Como resultado, se deshicieron de muchas de sus viejas creencias. Ahora son más felices, están satisfechos y contentos con la vida. La relación de Rosario con sus padres no cambió, sin embargo, incluso los enfrentó con su verdad. Ahora la respetan más y ella sólo los ama y adora mucho. Con todo, le llevó mucho tiempo alcanzar un punto de mutuo respeto con sus padres. Primero, tuvo que cambiar al enfrentarse a las creencias con las que creció.

El Proceso de Domesticación

Las creencias con las que uno crece son muy poderosas. Lo afectan profundamente, debido al proceso de domesticación en el Sueño del Planeta, a través del cual aprendemos a creer y seguir las reglas establecidas por los sistemas de creencia. Usted, como cualquier otra persona, fue domesticado. Su mente fue entrenada desde el momento que nació, para aprender cuáles eran las reglas, lo que estaba bien o mal, si era bueno o malo, cómo obtener atención y cómo conseguir lo que pensaba que quería. De niño, usted era bueno cuando hacía algo que sus padres creían que era maravilloso. Conseguía su atención o un regalo. Y era malo cuando rompía las reglas de sus padres o las del Sueño del Planeta, al hacer algo como robar un dulce.

Piense en la manera en que domestica a un animal como, por ejemplo, un cachorro. Lo alimenta y le elogia o le da algo de comer cuando hace algo que usted quiere que haga, como orinar afuera y lo regaña si hace destrozos en la casa. Con el tiempo, el cachorro aprende las reglas — si orina afuera, consigue lo que quiere, un cariño o un bocadillo. Entonces usted dice que el cachorro está entrenado. Bueno, puesto de una manera simple, así es como lo educaron a usted.

Durante el proceso de domesticación, le enseñaron las reglas de cómo vivir su vida, a obedecer los reglamentos de la sociedad, gobierno, y naturalmente, a su madre y padre. Sus padres creían que lo que era bueno para ellos, se suponía que fuera bueno para usted. Entonces los "archivos" de domesticación fueron almacenados en su mente y lo guían sobre cómo relacionarse y comunicarse con la gente y cómo sentir sobre usted y los demás. Como un ejemplo de domesticación, digamos que las personas de cierta ciudad imaginaria están bien financieramente. Con el tiempo, empiezan a creer que ellos son mejores que los individuos más pobres que viven en la ciudad vecina. Educan a sus hijos en la creencia de que la gente consigue lo que se merece en la vida. Creen que, ya que ellos son mejores, son recompensados con el éxito financiero. También piensan que las personas de la otra ciudad no son buenas y que, por lo tanto, son "castigadas" al ser pobres. Los niños de ambas ciudades aprenden con qué clase de gente se sienten a gusto relacionándose, y éstas son las personas de la misma ciudad en la que crecieron. La creencia con la que los educaron y cómo fueron domesticados, también determina qué clase de heridas llevarán en su corazón. Para los niños de la ciudad pobre, esto significa que siempre podrán creer que son indignos por ser pobres.

El Parásito

El Parásito es una función de su mente, que se desarrolla a través del proceso de domesticación y se basa en el sistema de creencia. Es más fácil identificarlo como la constante conversación que se lleva a cabo en su mente. Esta "voz" interna genera todas aquellas palabritas que usted, oye cuando está pensando sobre las cosas o interactuando con los demás. Ayuda a crear e intensificar sus heridas emocionales y lo conduce a la desdicha.

El Parásito está con usted constantemente, en cada escenario de su vida. Por ejemplo, usted está en una fiesta y alguien le dice algo. Usted responde, pero luego piensa de inmediato, que lo que dijo suena raro y torpe. Ese pensamiento es su Parásito hablando. Entonces sigue adelante y platica con alguien más, pero aún se siente raro por lo que dijo. Se olvida de eso por un momento. Sin embargo, cuando va a casa y está solo, su Parásito golpea aún más fuerte. Piensa para sí mismo. "¡Ah, no puedo creer que haya dicho eso! ¿En realidad lo dije? Estoy tan avergonzado. ¿Qué pensará la gente de mí? Deben de pensar que soy raro". Luego empieza a maquinar. Proyecta el escenario en donde la gente está hablando sobre usted y en el cual piensan que usted tiene mucho valor para decir lo que dijo. Tiene toda una conversación en su mente, en la cual se sumerge en un juicio personal total. Antes de lo que lo piensa, ha inventado todo un drama. Usted piensa, sintiéndose triste. "¿Cómo tuve el valor de decir eso? Eso fue lo más tonto que he dicho. Dios, me siento tan mal porque dije eso". Es su Parásito el que habla, y éste es sólo un pequeño ejemplo de lo que su mente puede hacer. Es una experiencia que ha tenido antes y es un proceso que puede llegar a ser extremo.

Otra experiencia común del Parásito es la siguiente. Imagine que usted es una esposa que espera a su marido en casa. Piensa, "¿Dónde está mi marido? No ha llamado y se suponía que me llevaría a cenar. Dijo que iba a trabajar tarde". Luego el teléfono suena y cuando contesta, alguien cuelga. Piensa. "¿Quién sería? ¿Está mi marido teniendo un amorío? ¿Está viendo a alguien más? A lo mejor es por eso que se le olvidó mi cumpleaños el mes pasado. Ya ni le importo. Sí, hay alguien más. Nunca antes lo había pensado, pero ahora tiene sentido". Inventa un enorme drama en su interior y luego responde a eso con muchas emociones negativas. Y adivine qué: ni siquiera sabe si es la verdad. Este es su Parásito.

Es el maestro de maestros de su interior. Usted lo ha creado y crece a través de la domesticación. Sobrevive al alimentarse de las emociones que le enseñaron a usted, por los procesos de domesticación, tales como la tristeza, envidia y el juicio. Aprende a dominar las debilidades de usted y lo que enciende sus botones. Sabe exactamente cómo cambiarlo para hacerlo reaccionar. Crea situaciones a las que usted responde en un nivel destructivo con enojo, celos, dolor o tristeza. Cuando usted reacciona con una emoción como esa, está dando su energía a su Parásito, quien se la come y se fortalece. Mientras su vida continua, se vuelve cada vez más fuerte porque sigue comiendo sus emociones, y continúa creando estas emociones al provocar situaciones a las que usted reacciona.

Usted no se da cuenta que reaccionando a tales situaciones con emociones fuertes, está alimentando las energías de éstas, y cuando hace esto, ellas se agrandan, se vuelven más fuertes. Como resultado, cada vez que reacciona con esas emociones, usted se sumerge más profundamente en los celos, tristeza, enojo, depresión, autocompasión, y así sucesivamente.

Cuando decide que quiere cambiar su vida, tiene que estudiar sus emociones, su Parásito, y a los esquemas de comportamiento y las estructuras de creencia que mantiene en su mente. Cuando usted se convierte en un guerrero, se encuentra en guerra con su Parásito y las creencias que ha recogido a través de su propia domesticación personal. Usted entra en guerra para pelear los muchos años de esa domesticación, en las cuales las mismas situaciones y patrones han surgido una y otra vez. Por ejemplo, si usted es una mujer que ha tenido relaciones abusivas una tras otra, cuando se convierte en una guerrera puede escoger estudiar ese patrón y cambiarlo. No va a cambiar de la noche a la mañana; necesitará vigilar continuamente al Parásito, y aprender estrategias para transformarlo. Y esto no es fácil, porque el Parásito luchará para sobrevivir. Hay dos aspectos del Parásito: el Juez y la Víctima. Se discuten en el siguiente capítulo.

3

EL JUEZ
Y LA VICTIMA

El Juez

UN ASPECTO DEL PARÁSITO, QUE SE CREA A TRAVÉS DEL proceso de la domesticación, es el Juez. Es un maestro para decirle lo que usted "debería" estar haciendo. Visualícese parado enfrente de un Juez verdadero o viendo una película que tenga un Juez, verá que éste siempre está observando, escuchando lo que se está diciendo, percibiendo las reacciones que están ocurriendo y dando opiniones sobre los procedimientos. El Juez que se encuentra en su interior, hace lo mismo: juzga todo lo que usted hace. Cuando su Juez es activo, usted es constantemente su crítico más severo. Es probable que se juzgue más duro que cualquier otra persona en el Sueño del Planeta.

El trabajo del Juez consiste en distinguir entre sus creencias y expectativas y su verdadera actuación. Los sistemas de creencia en el Sueño del Planeta, y por lo tanto sus propios sistemas de creencias, le dicen cómo estar presente en la vida. Le indican qué necesita para tener una imagen qué dar a la vida y a otras personas. Cada vez que su imagen en el Sueño del Planeta es cuestionada o siente que no ha sido aceptado, su Juez surge intensamente, una vez que usted se encuentra fuera de la presencia de otras personas y está solo. Por ejemplo, puede ser que usted sea una mujer que cree que es importante ser una "buena madre", lo que define como que debe siempre ser paciente con su hijo de dos años. Entonces un día el pequeño llora durante tres horas. Usted lo intenta todo para tranquilizarlo, pero no puede. Finalmente pierde la paciencia y lo regaña. Una hora más tarde, cuando ya se ha calmado, su Juez comienza con usted. Una vocesita en su cabeza empieza diciendo cosas como, "Se supone que debes de ser una buena madre. Si lo fueras, no habrías perdido la paciencia, así que no eres una buena madre. ¿Qué pensará la gente?" y así sigue sin parar. Entonces, los sentimientos empiezan a surgir.

El Juez siempre trae sentimientos como la culpa o la vergüenza. Por ejemplo, después de conversar con otra persona, su Juez le puede decir que no habló con las palabras correctas o que fue demasiado directo o no lo suficiente, o que nunca dice la verdad y sólo habla cosas para que la gente lo acepte. Puede que sus sentimientos eran muy extremos y pudo pensar "¿Por qué no dije algo más?" o "¿Por qué no hice algo más?" Esos "por qués" son su Juez y éste es usted. Cuando está siendo el Juez, es su más duro crítico.

El Juez puede estar presente a cada momento de su vida, y afectar su felicidad a través de su constante auto-crítica. Es posible que muy adentro usted se sienta desgraciado, aunque para los demás parezca contento y feliz. Una sonrisa en su cara no siempre significa que es feliz de verdad. Quizás siente un momento de felicidad o satisfacción cuando logra algo que piensa que es una gran meta en la vida, y el Juez dice, "Bien" por ti. Pero luego el sentimiento fugaz de realización se va, y la infelicidad avanza lentamente otra vez. Así que usted crea otro objetivo qué lograr en la vida, el Juez dice "La próxima vez tienes que hacer más". La verdadera felicidad es la satisfacción del corazón y del alma, sin importar las consecuencias de alguna circunstancia. No significa que usted se ría constantemente y se sienta lleno de alegría. La satisfacción verdadera se puede expresar a sí misma en forma de silencio y paz totales, y nunca teniendo que decir algo a alguien.

La Víctima

La Víctima es otro aspecto del Parásito. Es la parte que dice "Pobre de mí". Viene de desear mucha atención y sustentando todo en lo triste que su vida es, cuando no consigue algo. La Víctima lo hace desear que la gente sienta lástima por usted, porque las cosas no van de la manera que las quiere, o como supone que "deberían" ir. La pequeña voz de auto-compasión de su mente crea a la Víctima, y le dice cómo debe sentir acerca de usted mismo. "Ay, pobre de mí, no conseguí este traba-jo y en realidad lo merecía" o "Pobre de mí, mi esposo me dejó con todos los niños y estoy sola". La verdad es que en la vida, las cosas solamente pasan y nada es poco para usted. Esto es sólo lo que la Víctima se dice. Tiene que asumir la responsabilidad y actuar en el momento en que suceden las cosas en su vida. Cuando lo hace y deja ir a la Víctima, la autocompasión y las historias de "pobre de mí", puede examinar que todo en el Sueño del Planeta está ahí afuera para ayudarlo. En él existen leyes que lo cuidan.

Tomemos el caso de Joan; tenía treinta y nueve años y dos hijos adolescentes, Llevaba veinte años en un horrible matrimonio. Su esposo abusaba de ella emocionalmente, tenía una aventura tras otra, nunca contribuía financieramente con la familia y no se involucraba con los niños. Finalmente, después de muchos años, Joan decidió divorciarse de él. En ese mismo momento, hubo varios gastos imprevistos, incluyendo un carro nuevo. Ella no podía pagar la renta ni otras cuentas, y estaba teniendo problemas con los chicos. A pesar de que, al divorciarse, estaba empezando a tomar responsabilidades y a actuar, cuando las cosas se pusieron feas, cayó en el papel de la Víctima. Sintió pena de sí misma y se quejó con todo el que la quisiera escuchar. En lugar de eso, hubiera podido ver opciones legales para cuidarse a ella misma y a los niños, tales como ir a la corte para conseguir la pensión alimenticia. Ella no confrontaría al padre de sus hijos e insistía en tomar la responsabilidad de mantenerlos. En cambio luchó, tratando de pedir dinero prestado a sus amigos y familiares. En el proceso consiguió mucha atención de la gente, quienes sintieron lástima por ella. Joan se convirtió en la clásica Víctima. Un guerrero se esfuerza por detener la autocompasión y actúa.

4

GANCHOS
Y MASCARAS

Ganchos

SIEMPRE HAY MUCHOS RETOS CUANDO USTED, PARA cambiar, se ve a sí mismo y a su vida. Estos ocurren debido a que, por más que no sea feliz y quiera cambiar, a cierto nivel puede estar cómodo con la manera en que son las cosas. A lo mejor no desea ver lo desagradable sobre usted, o tiene miedo del proceso, o miedo de lo que pasará después de que cambie. Estos sentimientos surgen de la parte de usted que resiste el cambio, y el Parásito los hace aún más fuertes, al decir: "Bueno, las cosas no están tan mal; podrían estar peor" o "Las otras personas son el verdadero problema, si sólo cambiaran" o "Estoy tan ocupado, en realidad no tengo mucho tiempo". Algunas de las cosas en el Sueño del Planeta, que ayudan a su Parásito a sabotear su proceso de crecimiento, son los ganchos. Estos llaman su atención para que usted no tenga que verse a sí mismo. Y cuando se concentra en ellos, tienen la habilidad de llevarse su felicidad.

Visualice los ganchos. Puede verlos como anzuelos. Cuando va a pescar, les pone una pequeña carnada en las puntas para que atraigan a los peces. El Sueño del Planeta tiene ganchos similares: contienen carnada y el pez que atraen es usted. Equivalen a todo lo que a su alrededor distrae su atención, y lo mantienen entretenido lo suficiente para que no tenga que verse a usted mismo. Algunos ejemplos de ganchos son los miles de variados tipos de comidas, restaurantes, conciertos, música, ropa y las "luces de neón" en su vida. Y sólo para que usted nunca se aburra y cambie su atención, las industrias que crean estos ganchos cambian muy rápidamente sus productos. La música, los aparatos electrónicos, las computadoras y la moda cambia a cada momento. El sistema de creencia del Sueño del Planeta le dice que para ser aceptado, tiene que tener lo último, las "cosas" más grandes.

Puede desear que sus vecinos vean lo que tiene. Por ejemplo, maneja un lujoso automóvil para que ellos se den cuenta qué tan bien le está yendo. Sin embargo, al mismo tiempo, un vecino en particular lo puede envidiar. Se pregunta cómo consigue mantener ese carro, cuando a él no le alcanza para comprar uno, y los dos tienen el mismo tipo de trabajo. Así que él, entonces, tiene que comprar algo para que usted lo envidie. Luego, se involucran en una guerra constante para verse mejor que la persona de junto, y toda su concentración y energía se dirigen a esta competencia.

Si lleva esta batalla al siguiente nivel, se pierde totalmente en todo lo que existe en el Sueño, mientras combate para mantener las cosas que desea. Tiene dos o tres trabajos para afrontar los gastos del carro y de la casa de sus sueños. Trabaja tan duro que no tiene tiempo para disfrutarlos, y el dinero es tan poco, que no queda nada para otras cosas. Puede tener la más increíble casa, carro y trabajo, pero estas cosas no son aún suficientes. Quiere más — cosas mejores y una posición más alta en el trabajo. Y todo el tiempo, está triste e insatisfecho en la vida. Los ganchos se lo están comiendo.

El dinero es uno de los más grandes ganchos para la mayoría de la gente en el Sueño del Planeta. Usted puede estar enganchado, ya sea por el deseo de tener suficiente dinero o por su reacción cuando lo tiene que "regalar". Puede creer que tiene suficiente y tal vez disfrute su trabajo. Al mismo tiempo que se divierte, hace buen dinero. Pero luego, todavía debe pagar al gobierno por su diversión porque le debe impuestos. Tener que pagar una gran cantidad de dinero puede quitarle la felicidad. Como un guerrero, usted tiene que trabajar para permitir que el dinero del impuesto se vaya. El dinero es un regalo del universo, no existe para hacerlo feliz.

Uno de los más grandes ganchos son las relaciones. En el Sueño del Planeta, reflejan cómo las mujeres y los hombres piensan qué deben ser en la vida. El medio les enseña a ellos cómo ser todo un hombre. A ellas, la televisión y la publicidad les muestra cómo lucir hermosas y qué es lo que necesitan para atraer a los hombres. Desde esta perspectiva, tener una relación lo es todo. A menudo, las mujeres definen de esta manera su auto-estimación. Si no están casadas o comprometidas, se sienten como si no fueran deseables o lo suficientemente buenas.

Dependiendo del medio ambiente y la cultura en la que usted creció, probablemente mantenga ciertas esperanzas sobre el matrimonio. Si es una mujer, puede sentir que éste la eleva de estatus y gana para usted un nivel de respeto, especialmente de los miembros de su cultura y su grupo espiritual, su iglesia, templo u otra afiliación. Si es un hombre, puede sentir que si está casado, será más respetado en los negocios y en el mundo político. Puede hasta ignorar la forma en que lo tratan en su relación, creyendo que aunque sea totalmente maltratado, ignorado o rechazado, se supone que debe permanecer casado. A lo mejor usted cree esto porque hizo votos a Dios en cierta ceremonia, o porque tiene miedo de perder el respeto de su iglesia o comunidad. O seguir con su relación para mantener una imagen, basada en su decisión de cómo lo ven los demás. Pensará que si deja su relación, será visto como un fracasado ante los ojos del Sueño y ahora será menos deseable debido a que es soltero (tradúzcase "indeseable"). Así que termina pegado a un patrón ofensivo, perdiendo su sentido de autoestima para mantener la relación.

Máscaras

Algunas de las otras cosas en el Sueño del Planeta, que ayudan a su Parásito a sabotear su proceso de crecimiento, son las llamadas máscaras. Estas son las cosas que usted se pone en la cara para que la gente no pueda saber cómo es usted. Luce diferente, igual a la máscara que usa. Se las puede poner todos los días; existen millones de ellas en el Sueño. Son las diferentes caras que usa, las diferentes declaraciones que hace al Sueño del Planeta, para decir a los demás quién es. Sólo que estas caras no hablan de la persona que en realidad es usted, bajo las máscaras. Por ejemplo, usa una máscara para decir que es muy inteligente o que es el más grande artista que existe, pero muy adentro, no es así. Se puede sentir inseguro. El Parásito le dice que necesita de las máscaras para que le guste a la gente y lo acepten, y así conseguir lo que quiere.

Usted, como todos los seres humanos, se convierte en el maestro de la máscara, pero no de aquella de sinceridad y perfección. Es cualquier máscara con la que usted cree que conseguirá lo que piensa que desea. A fin de cuentas, usted paga el precio en la vida por usar las máscaras. El aprendizaje de cómo usarlas empieza en la niñez, durante el proceso de domesticación. Así es cómo los niños se vuelven tan buenos manipuladores. Cuando usted era niño, se dio cuenta que si se ponía determinada máscara, conseguiría lo que deseaba en la vida. Puede que su máscara haya sido graciosa, el niño bueno, el chistoso, el fuerte o muchas otras posibilidades. Rápidamente aprendió cuál le servía. Mientras se convertía en adulto, aprendió a usar más y más máscaras, y se volvió un experto en ellas.

Decir que usted es un gran amante es una de las más grandes máscaras en el Sueño del Planeta. Y el sexo, como las relaciones, es uno de los más grandes ganchos. Querrá ser el amante de alguien deseable en el Sueño, y luego alejarse y decir, "No sólo he poseído a esta persona especial, sino que fui el mejor amante que haya tenido". Otra gran máscara es la de la riqueza. Puede desear usar la máscara que dice que es rico, al manejar un carro costoso, vivir en una casa también cara y usar ropa de alta costura. Todo esto podría estar muy por arriba de su presupuesto, pero lo compra sólo para verse como si tuviera dinero o fuera muy próspero.

Tiene tantas máscaras, que forman parte de su vida diaria porque lo protegen de ver a su verdadero yo. Ponerse una máscara es tan simple y rutinario como decidir qué vestido o traje va a usar ese día. Una de las máscaras más comunes es aquella que lleva cuando está con sus amigos. Todos los días decide si va a ser sincero o falso con ellos, poniéndose una máscara con la que les agradará y lo aceptarán. No sólo los niños y los adolescentes hacen esto.

Se pone máscaras sin importarle su iglesia, medio ambiente ni su cultura. Como un adulto, las usa para tener la mejor pareja, para que los miembros de su cultura o comunidad lo vean para arriba, y para ser aceptado en cualquier círculo social en el que intente estar. Cambia de máscara como cambiarse de ropa. Se pierde tanto al separar su yo de la verdadera naturaleza, que nunca ve su alma. Mientras tanto, se siente vacío y triste en su interior, y siempre está buscando algo que llene ese vacío.

Cuando se convierte en guerrero, desecha las máscaras. Los velos detrás de los cuales se ha escondido, caen. Como un guerrero, enfrenta el miedo de ver a su verdadero ser con todas sus heridas y lesiones. Le da la cara al abuso de su padre o madre, y trabaja para abrazar su yo cuando siente tristeza, dolor o cualquier otra emoción. Habla sobre eso y enfrenta la realidad de su vida, sin importar qué "malo" sea ante los ojos del Sueño del Planeta. Por ejemplo, suponga que es adicto a la heroína, que ha vendido droga a otras personas, y que han muerto. Cuando se convierte en guerrero, es capaz de dejar caer la dura y fría máscara de indiferencia ante el dolor de los demás y la muerte. Acepta la responsabilidad de sus actos, pero no se juzga a sí mismo. Ve sus lesiones y se abraza a sí mismo. Deja ir cada una de sus máscaras y ama su verdadero ser. Ese es el principio para romper las máscaras del sistema de creencia, lo cual es el primer paso que involucra el convertirse en un Caballero Jaguar. Sin embargo, serlo implica usar una máscara también. Es una que le ayuda a destrozar todas las demás que ha creado. Cuando se pone la máscara del Caballero Jaguar, ve a través de sus ojos y no por los de la autocompasión o seducción. Se convierte en uno de ellos y se vigila a cada momento. Es paciente con usted cuando caza las emociones interiores que lo mantienen atorado. Participa en el proceso, gradual y suave, de dejar ir. Una vez que rompe todas sus máscaras, es totalmente nuevo. Se ve a sí mismo libre y claramente, y con total honestidad. Entonces puede bailar y caminar por las calles con su yo, y verdaderamente sentirse a gusto con quien es en realidad. Se ha separado del sistema de creencia del Sueño del Planeta. Tiene su propia creencia, que consiste en amar todo lo que existe y sentir paz en su corazón.

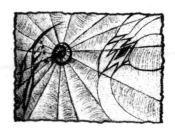

5

ACUERDOS

Las Semillas del Comportamiento

LOS ACUERDOS SON LAS CREENCIAS QUE CONTRIBUYEN A lo que usted piensa y cómo siente de usted mismo. Por lo general, le son dados cuando es niño, mientras está siendo domesticado. A través de este proceso de domesticación, sus padres, familia, cultura, iglesia y otras figuras de autoridad le dan los mismos acuerdos que figuras similares les dieron a ellos en sus propias vidas. Estos acuerdos le son dados en la forma de palabras y acciones, que le enseñan cómo vivir y amar. Le ofrecen opiniones sobre el bien y el mal, basados en lo que los otorgantes creen es verdad para ellos. Una vez que acepta un acuerdo, éste afecta lo que piensa, siente y hace. A su alrededor se desarrolla un patrón de comportamiento. A su vez, este proceso fortalece el acuerdo y con el tiempo, construye un "túnel" de experiencias similares.

Por generaciones y generaciones, a las mujeres les han sido dados los acuerdos a través de las enseñanzas de la iglesia. Regresan a la historia de Adán y Eva. Ella fue creada de una costilla de Adán, para ser su sirviente. También, era débil de espíritu, actuó en contra de los deseos de Dios y fue culpada por la tentación de Adán y la pérdida de la gracia. Cuando Eva le dio a Adán la imperdonable manzana, creó todos los sufrimientos que después sucedieron en el Sueño. Algunos de los acuerdos transmitidos a las mujeres de esta historia son: las mujeres son sirvientes del hombre; son las culpables cuando algo malo pasa en el Sueño; y siempre sufrirán en la vida.

Visualice las reacciones de la cadena generacional, que surgen de los acuerdos de Adán y Eva. Estos han continuado hasta nuestros días, con variaciones de acuerdo a las diferentes religiones y sistemas de creencia. Se extienden más allá de la religión y la familia hacia muchas áreas de la vida, incluyendo la política. En generaciones anteriores, las mujeres nunca participaban en la política. Ahora, están actuando y haciendo selecciones de forma diferente, pero eso sólo ha pasado en los últimos sesenta años, más o menos.

La Niña Acólito

La manera en que trabaja un acuerdo se puede ilustrar en la siguiente historia. Se refiere a una pequeña niña que tenía nueve años y un acuerdo muy profundo entra en su vida. Esta pequeña fue criada en la Iglesia Católica y siempre fue a misa. Le gustaba ir los domingos a misa con su madre, su padre y la familia. Cada semana veía a su hermano trabajar como acólito. Le gustaba lo que él hacía, así que deseó con toda su alma ser una niña acólito, pero cuando estaba creciendo no existía algo así. A las niñas y mujeres no se les permitía acercarse al altar excepto para limpiarlo, y eso era sólo cuando no había misa ni gente en la iglesia. Pero la pequeña no lo sabía.

Así que un día dijo a su madre después de la misa, "Mamá, quiero servir a Dios. Quiero ser una niña acólito. Estar en el altar sirviendo al padre". Su madre dijo, "Ay querida, sólo hay niños acólitos. No aceptan niñas, y no se les permite servir en el altar". La pequeña replicó, "Pero mamá, de verdad quiero servir. ¿Le puedo preguntar al padre y hacerle saber que quiero servir?" Su mamá dijo, "¿Has visto alguna niña acólito sirviendo? No. ¿Alguna vez has visto a niñas en el altar? No. Bueno ahí tienes tu respuesta. ¿Por qué de repente el padre te va a dejar ser la primera en servir así, cuando no les permiten a las mujeres estar en el altar?". La niña insistió, diciendo, "pero, ¿por qué, mamá? ¿Por qué? Daría lo mejor de mí. Quiero servir a Dios. Quiero ser lo mejor para Dios". Su mamá respondió. "Sólo a los niños y a los hombres se les permite servir a Dios en esa forma. Sólo los hombres pueden ser sacerdotes. Las niñas sirven a sus hermanos y padres, y las mujeres a sus esposos. Ellas se hacen cargo de la casa y tienen hijos". Basada en esta conversación, la pequeña tomó de su madre el acuerdo de que los hombres y los niños eran automáticamente más especiales. Debido a que ellos pueden servir a Dios en el altar, fueron elevados a posiciones de autoridad y poder en la vida.

A pesar de que la pequeña niña no se dio cuenta que tomó este acuerdo de sus padres y cultura, en su vida cotidiana experimentó en acción los patrones de este acuerdo. Los hombres eran siempre los líderes religiosos, los consejeros espirituales con respuestas similares. Los hombres eran también los líderes políticos, filósofos, artistas y casi todo lo demás que fuera poderoso. Sin embargo, las mujeres como madres y esposas con poco o ningún poder, eran entrenadas para aceptar cualquier cosa que les dieran.

Este acuerdo sobre la autoridad y poder de los hombres, continuó teniendo un inmenso impacto en el comportamiento de la pequeña niña. Dio forma a los eventos diarios, tales como no hablar en la clase para discernir con los niños, igual que en los eventos más importantes. En la preparatoria, quiso lanzarse como presidente del consejo estudiantil. Pero prefirió no hacerlo, porque creyó que los muchachos eran realmente los líderes políticos. Le hubiera tomado mucho valor lanzarse como oficial, ya que sería la única chica contra ellos, pero no estaba lista para pelear en contra del inmenso sistema de creencias, tanto las suyas propias como las de su alrededor.

Para esta pequeña niña todo en su vida era más desafiante porque su espíritu era muy grande y muy en su interior, sabía que quería ser una líder. Tenía la energía para serlo y servir a Dios. Cuando creció, se dio cuenta de que su energía, deseo y amor no eran diferentes a los de los hombres, y que quizá sus sentimientos fueran aún más sinceros. Había contenido su inmenso espíritu que quería servir en todas las formas. Cuando se convirtió en una joven mujer, entendió que seguir las creencias de Sueño, iba en contra de la forma que sentía sobre sí misma y de su papel en la vida, causándole infelicidad e insatisfacción.

Así, esta joven mujer se convirtió en una guerrera para conectarse con su verdadero espíritu y encontrar la felicidad. Entendió que tenía que estudiar su sistema de creencia, y encontrar muy en su interior los acuerdos que le estaban reteniendo. Como guerrera, empezó a Acechar sus patrones de vida para encontrar y romper esos acuerdos. Quería estar contenta. Cuando empezó este proceso, sintió que no entendía bien lo que significaba el Acecho, ya que nunca antes había hecho algo igual, pero en su interior sabía que la ayudaría.

Ella descubrió que había muchos acuerdos en su vida, y que con el tiempo, cada uno había creado su propio túnel de energía y necesitaban ser limpiados. Sin embargo, también estaba conciente de que no conocía la mayoría de los acuerdos que había aceptado, ni cómo le afectaban los patrones. Su último objetivo era rastrearlos hasta sus orígenes, descubrir el acuerdo original detrás de ellos. Esto involucraba limpiar los túneles conforme iba pasando, y luego romper los acuerdos al encontrarlos.

La joven mujer comenzó por el día presente e inició el estudio de su vida. Vio que su papel como mujer era diferente al de un hombre. Esto se reflejaba por todos lados a su alrededor. En las reuniones, ella y otras mujeres, pero no los hombres, conseguían las bebidas y preparaban la comida. Los reparadores no la tomaban en serio; siempre le preguntaban por su esposo. La joven mujer vio que, en su vida, los hombres eran las figuras de autoridad que poseían el poder, mientras las mujeres eran domesticadas para estar a su servicio.

Analizó su matrimonio y su trabajo en su vida diaria. Se dio cuenta que trabajaba porque "tenía qué", pero que nunca le había agradado su trabajo, ni lo había visto como una carrera — una forma de crecimiento. También entendió que se había casado porque eso era lo que se esperaba de las mujeres, y que su papel de esposa estaba antes que su trabajo. Sentía que el líder que llevaba dentro quería expresarse; se dio cuenta que quería una carrera y no sólo un trabajo, y que si no seguía una, iría en contra de su verdadero espíritu. También percibía que, a pesar de que amaba a su esposo, deseaba tener con él una relación equitativa y no una en la que ella fuera un sirviente.

Conforme la joven mujer continuó buscando los patrones en su vida, hacia atrás en el pasado, ciertos eventos sobresalieron. Recordó su graduación de la preparatoria y sus citas con el hombre con quien, al pasar el tiempo, se casaría. En aquel momento, había hablado varias veces sobre su futuro con sus padres. Deseaba asistir a la universidad, como sus hermanos, y trabajar en la iglesia para servir a Dios, pero debido a su condición de mujer, sus padres le dijeron que necesitaba casarse y formar una familia. A pesar de que percibía un fuerte sentimiento en su interior cuando lo discutía con ellos, aceptó casarse. Su madre le dijo, "Es un hombre tan agradable, un buen partido. Tendrán niños muy hermosos".

El acuerdo asociado con este patrón de comportamiento empezó a entrar en el conocimiento de la joven mujer, mientras lo reflejaba en su memoria. Vio cómo se había restringido por ser mujer, y cómo había percibido a los hombres por tener la autoridad y el poder en la vida. Así que continuó analizando su vida. Recordó la preparatoria y cómo hubiera querido presentar su candidatura como consejera. Siguió regresando en el tiempo, recordando eventos similares. Finalmente, vio el acuerdo original, el que había dado su madre el día que le dijo que deseaba ser una niña acólito.

En este punto, escogió romper este acuerdo que había aceptado siendo una pequeña niña. Al hacerlo, se dio cuenta que no sólo le había ayudado, sino que se convirtió en líder de otras mujeres, ya que esto era lo que había venido a hacer a este mundo. Estaba abriendo una puerta para cambiar la manera en que había sido siempre el sistema de creencia. Vio que estaba aquí para ayudar a cambiar viejos acuerdos, y aquellos dados por la sociedad y religión a las pequeñas niñas. Su camino era mostrar a las mujeres que eran especiales, que podían ser doctoras, políticas poderosas y cualquier cosa que los hombres fueran. Había aprendido que el valor interior para dar un paso hacia adelante en la vida, era el poder para cambiar viejas creencias y transformarse.

La historia de esta niña es un ejemplo de cómo un acuerdo puede afectar profundamente su vida. Usted ha aceptado muchos de ellos, algunos más intensos que otros. Y por lo general, crean heridas emocionales y como dije antes, afectan su comportamiento, al producir patrones. Para la niña acólito en potencia, fue el de nunca sentirse lo suficientemente buena. Si usted no analiza sus acuerdos y sana sus heridas, los patrones de su comportamiento continuarán y serán pasados a sus hijos.

La Niña Maltratada

Otro ejemplo de un enorme acuerdo, que provoca heridas muy profundas, es la experiencia del abuso sexual. Si siendo niño alguno de sus padres abusó de usted sexualmente, y después usted no analiza la herida de este acuerdo y lo cura, continuará este patrón, al tener relaciones abusivas a través de toda su vida. Probablemente se casará con alguien a quien maltrataron y el patrón será pasado a sus hijos. El propósito de este trabajo es romper tales patrones, al encontrar y analizar el acuerdo que lo soporta, y luego sanar la herida.

Cuando de niño abusan de uno, se asimilan muchos acuerdos relacionados con esto. Aprende que no hay límites entre usted y los demás. También, que no puede decir no, ya que en el abuso no hay lugar para el "no". Su padre (u otra persona confiable), el maestro más importante en su vida, no lo respeta y cruza sus límites físicos y emocionales. Como niño, no puede decir que no a esta persona, que es la principal figura de autoridad en su vida, a quien ama y tiene confianza, pero también a quien más teme. Algunos acuerdos comunes que capta como un niño maltratado son: no puede decir no; está bien que los demás crucen sus límites y que usted cruce los límites de ellos; para las personas que usted ama y en quienes confía, es correcto que lo lastimen; usted no tiene el poder para protegerse ni autoestima.

Crecerá y, hasta que estos acuerdos se encuentren y sanen, irá de relación en relación con este tipo de patrón, o permanecerá en una relación abusiva en particular, hasta que se decida a buscar las heridas emocionales en su interior. Usted debe analizar todas las emociones que ocurren constantemente en su vida. Puede tener demasiadas, además de mucha tristeza e infelicidad, pero no imaginarse de dónde vienen esos sentimientos. Tiene que empezar adentrándose en su vida, viendo dentro de su corazón para saber qué es lo que crea este patrón. Puede ser que no recuerde el abuso, ni lo conecte con sus emociones. Hacer esto es un largo proceso.

El procedimiento de sanar no se refiere a juzgar a la persona que le dio los acuerdos o abusó de usted. Naturalmente, al principio sentirá enojo y otras emociones cuando encuentre la raíz de su infelicidad. Pero la intención es limpiar los túneles de los acuerdos — abrazar y sanar sus heridas — hasta que consiga colocarse dónde ya no haya enojo; se da cuenta de que la situación simplemente existía. Después, nada podrá quitarle su felicidad otra vez. No importa cuál sea la situación, estará satisfecho en su corazón, porque usted ha trabajado para obtenerla. Lo ha hecho para analizar las heridas, sentir la tristeza y experimentar el impacto de cualquiera que sea la verdad para usted, y para curarlo todo.

Sanar significa alcanzar el punto donde su valor — su autoestima — sea mucho más alto. Luego se coloca en un pedestal. Se respeta, ama y trata como si fuera el más importante rey o reina. Tiene un tremendo amor por su cuerpo, espíritu y alma. Cuando cambia los acuerdos, la vibración de su propio rayo de luz personal, su campo de energía, empieza a cambiar. Comienza por dejar que el veneno salga de su sistema, y usted se vuelve mucho más radiante. Ya sin tal veneno, hay espacio para amarse a sí mismo. Y cuando lo hace, sus acciones relejan ese amor. En lugar de escoger una pareja abusiva, se decide por una que durante su vida haya hecho algo espiritual u otro trabajo de crecimiento personal, y con quien pueda comunicarse verdaderamente. A su vez, que ella se comunique con usted del mismo modo. La intención de su pareja, igual que la suya propia, es no caer en viejos patrones. Usted cuida las cosas y las hace para sí mismo como le gustaría que lo hicieran por usted, ya que usted mismo es su mejor pareja y de ella no tiene ninguna expectativa. Simplemente ama y disfruta a uno y otro.

6

EDUARDO

Reflexiones Culturales

LA SIGUIENTE HISTORIA MUESTRA CÓMO EL JUEZ, LA VÍC-
tima, los acuerdos, los ganchos y las máscaras trabajan
en la vida diaria. Se refiere a un hombre que estudió
conmigo por varios años; su nombre era Eduardo. Tenía cuarenta años y había sido criado con las creencias
y valores culturales de una familia española tradicio-
nal. Trabajó duro por muchos años, haciendo todo lo
que el Sueño del Planeta le dijo que hiciera para seguir

adelante. Fue a la universidad, obtuvo buenas calificaciones, siguió con una maestría, tomó trabajos en los que pudiera seguir adelante, conocer a las personas adecuadas, etcétera. Un día fue seleccionado como candidato para una promoción, lo que significaba una mejor posición en la compañía en la que trabajaba. Hizo todo lo que pudo por conseguirla.

La promoción era un gancho para Eduardo. Lo deseaba enormemente y concentró toda su atención en ella. Pensó, "¿Qué puedo hacer para conseguirla?" "¿Cómo me presento para ser la persona idónea para ese puesto?" La nueva posición lo enganchó porque era un peldaño hacia arriba en su trabajo actual. Mejoraría su currículum. La gente lo respetaría más en el Sueño del Planeta. Tendría el estatus más alto. Sería más aceptado y sentiría que "ya la había hecho". Su esposa tendría un concepto más alto de él porque ganaría más dinero, y la situación económica de la familia no sería tirante. El único problema era que alguien que venía de una cultura diferente, John, estaba tratando de conseguir la misma promoción. Y Eduardo se sintió intimidado.

En nuestro ciclo de destino y camino de crecimiento espiritual en la vida, en todo momento nos presentamos con los miedos que llevamos dentro. Eduardo fue criado en una cultura que le enseñó a pensar que siempre estaría en competencia con una persona de otra cultura, como John. Así que, naturalmente, en ese momento de su vida, era su destino el que competía con John, una persona de otra cultura.

El día que su jefe iba a tomar la decisión, Eduardo llegó a trabajar muy temprano. Mientras esperaba el resultado, sentía un poco de miedo y temblor. Pero no quería que los demás lo notarán, así que se puso una máscara que decía que estaba confiado y feliz. Luego fue a hablar con su jefe, quien también era de la misma cultura que John. Él le dijo, "Bueno, fue una decisión difícil. Usted ha trabajado duro y hecho un gran trabajo. Lo valoramos en su posición actual en la compañía, pero John ha estado trabajando por un poco más de tiempo, y esta vez se merece la promoción. Pronto, usted será propuesto para otra cosa".

Eduardo salió molesto y enojado de la oficina de su jefe. Sin embargo, se puso la máscara con la que parecía estar contento por John, para poder felicitarlo, aunque dentro de su corazón no se sintiera feliz por él. En realidad quería darle un puñetazo. Su estómago y todo su ser estaban enfurecidos. Pero ser maduro en el Sueño del Planeta significaba ir hasta donde estaba John, felicitarlo y alejarse.

Con sus compañeros, Eduardo usó la máscara de no estar enojado o preocupado por perder la promoción. Uno a uno llegaron hasta él y diciendo, "Lo siento, Eduardo, está mal que no hayas conseguido el puesto". A cada uno le respondió, "No es gran cosa. Ya saldrá algo más para mí". Se puso esta máscara para decir que todo iba bien para él. Pero otra vez, en el fondo de su corazón, ésta no era su verdad, sino la de que estaba realmente enojado. Experimentaba todas las emociones que había acumulado internamente desde que era pequeño, sobre ser comparado con individuos de otras culturas. El no conseguir la promoción encendió sus emociones, que habían alcanzado la cima. Sin embargo, la vocesita dentro de su mente, el Juez, siguió diciéndole lo que debía hacer, que era felicitar a John, además de cómo debería sentirse, que era estar feliz por él y verse bien frente a sus compañeros.

Después del trabajo, Eduardo se tomó unas cervezas. Pensó para él, "Oye, ¿por qué no conseguí ese trabajo? El Juez vino y le dio un golpe en la cabeza, diciéndole que no valía lo suficiente como para conseguir el trabajo. Luego el círculo de la Víctima empezó y experimentó autocompasión. Sintió "pobre de mí". Pensó, "¿Por qué no yo? Se preguntó, "¿Por qué no fui lo suficientemente bueno para conseguir ese trabajo?". Juzgó que era porque él había nacido y crecido en una cultura española. Después de unos cuantos tragos, su pensamiento cambió aún más, y se apenó mucho más por él mismo. Pensó. "Demonios, me criaron en un ambiente pobre y trabajé duro toda mi vida. Hice lo mejor que pude, y ve, no conseguí el trabajo". Salió del bar y se fue a casa. El Juez y la Víctima lo habían hecho sentirse miserable, estaba muy enojado. Evitó a sus hijos y automáticamente llevó su infelicidad a su esposa. Aquella noche la criticó por todo, tratándola como si ella no valiera nada, porque él mismo se sentía despreciable.

Una Cercana Semblanza de las Creencias y Acuerdos de Eduardo

Uno de los acuerdos que Eduardo asimiló de pequeño, fue que esta otra cultura era mejor que la suya. Aprendió que los miembros de esa cultura eran sus competidores de por vida, ellos serían siempre los mejores, y que siempre tendría que trabajar más duro para competir en su contra. Lo creía con todo su ser. Así lo educaron e hizo todo lo que pudo para competir con ellos y ¿adivine qué? Cuando llegó el momento en que tuvo que enfrentarse con alguien de la otra cultura, esa persona le ganó. ¿Por qué? Debido al sistema de creencia que su familia y cultura le dieron, y que decía que el competidor de otra cultura era mejor. Como resultado, Eduardo sentía que él no valía lo suficiente.

Necesitaba trabajar para romper el acuerdo de no ser tan bueno como los miembros de aquella cultura. De otra manera, a través de su vida los seguiría odiando, debido a su forma de sentir. También encontraría que las mismas situaciones de competición continuarían surgiendo en su vida, profundizando el acuerdo, su infelicidad y su baja autoestima.

En lugar de eso, cuando Eduardo se convirtió en un guerrero, se concentró en romper los acuerdos que tenía en su vida. Llegó al punto donde supo que la única competencia que existía estaba en su propia mente. Un vez que rompió todos los acuerdos que había aceptado, ya no lo limitaban; no había miedos ni dudas, si hubiera sido un guerrero en aquel momento, habría conseguido el trabajo, si de verdad lo hubiera deseado muy dentro en su corazón. O, al no conseguirlo, habría sabido que todas las situaciones son grandes oportunidades. Para Eduardo, esta realización no se manifestó hasta que hubo estudiado por muchos años.

7

ESPEJOS Y EL INTERCAMBIO DE ENERGIA

Espejos

COMO SER HUMANO QUE VIVE EN EL SUEÑO DEL PLANE-, ta, desde el momento en que nace, su vida se centra en las personas que están a su alrededor. Interactúa e intercambia energía con los demás constantemente, sirviendo como un espejo para que se vean a sí mismos, mientras ellos le sirven de espejos a usted. El intercambio de energía es el cimiento del Acecho, y los espejos ilustran y guían lo que usted está Acechando.

Su propósito es estar presente a cada momento para el ciclo de su alma, un proceso que involucra miles de vidas. Todo, cada situación que se le ha presentado en esta vida, ha estado allí en épocas anteriores. Lo mismo ha pasado en todo ambiente, con sus árboles, piedras, edificios y gente. Todo en su vida es un espejo que le ha sido presentado a usted otra vez para ver cómo actuará o reaccionará en esta vida, y de este modo, proporcionarle la oportunidad de un crecimiento espiritual.

Todo en su vida es un reflejo de usted mismo. Todo lo que ve a su alrededor viene desde sus propios ojos, percepciones y de sus propias emociones. Cualquier emoción que siente es su propia emoción, y no la de las personas junto a usted. Podría culpar a otros y decir que están enojados o haciéndolo enojar. Pero la verdad es que sus sentimientos son en realidad sobre usted; los espejos están reflejando sus sentimientos hacia usted. Cuando mira a un espejo y se ve peinándose el cabello, éste no hace nada; es usted quien se está peinando y esto se refleja en el espejo. Todo en su vida se refleja hacia usted, de la misma manera en que ve su vida y se presenta a sí mismo.

Hay espejos en toda interacción. Cualquier cosa que no le guste de su jefe, es en realidad un reflejo de algo que no le gusta de usted mismo. Se halla en esa relación porque significa que usted y su jefe estuvieron juntos. Hay un juego de dinámica, un modelo de interacción que tiene que ser aclarado entre ustedes dos, de una vida pasada. Toda situación en su vida contiene algo que tiene que examinar. La clave es tener la suficiente conciencia para no engancharse en los campos de energía de las otras personas. Significa no reaccionar a las situaciones de la vida. Esto es toma de conciencia y estar satisfecho con usted mismo. Si se engancha y reacciona con otras personas, los modelos emocionales continuarán de experiencia, en experiencia en ésta y en vidas futuras.

Piense en la última vez que su jefe u otra persona significativa le dijo palabras duras. ¿Reaccionó a esas palabras como probablemente lo hizo en vidas pasadas, al quedarse callado y sentirse mal con si mismo?, o ¿Tuvo la conciencia de cambiar su reacción y permitir al crecimiento de su alma hablar y preguntar de una manera imparcial, por qué no había sido razonable? Si no reaccionó y permaneció imparcial, usted se estaba dominando. Cuando lo hace, se enamora de usted mismo. Es amable, tiene la suficiente conciencia para cambiar su propio yo de cualquier circunstancia que se le presente. Puede salir de una situación y no decir ni hacer algo que sienta que no es bueno para usted, y del mismo modo, estar en la situación y decir su verdad y tener equilibrio. Cuando se domina a usted mismo, limpia los espejos que le son presentados en su vida.

Cuando usted es un guerrero, su propósito es limpiar el espejo de su vida, que es el de su alma. Este proceso empieza cuando se convierte en el Juez o la Víctima, y se halla viviendo dentro de creencias y acuerdos que le han sido dados. Tiene que experimentarlos para empezar a cambiar y limpiar el espejo. Todas las experiencias que ha tenido en otras vidas, se presentan ante usted en esta época, una y otra vez, hasta que se limpie el espejo, y usted se encuentre satisfecho y en paz con él. Eso significa que no reacciona a él. En su lugar, sólo siente amor y respeto por usted mismo. Cuando pasa esto, se convierte en un guerrero de amor y respeto hacia todos los que se presenten ante usted, incluyendo a los alcohólicos, las prostitutas y los asesinos. En todo momento encuentra la paz en cualquier cosa que la vida le brinda.

El propósito de su vida es su alma, pero no todo en su vida le enseña a estar conciente de esta última. La vida lo instruye para saber qué tan inteligente es, y conocer el estatus de su carrera. Sí, es bueno vivir la vida al cien por ciento y tener abundancia. Pero no necesita ser la Víctima que desea todo, porque tiene autocompasión y quiere que la gente lo respete. Una vez respetándose a sí mismo, todo está ahí para usted.

Eduardo tenía el acuerdo de que la gente de otra cultura sería siempre mejor, así que tendría que trabajar mucho más duro y superar esa creencia. En una vida anterior, experimentó que la gente de otra cultura siempre era mejor. Así que todas las personas que formaban parte de esa vida pasada, habían aparecido otra vez en el Sueño de esta vida. Este espejo reflejó su miedo más grande, que era que la gente de otra cultura trabajaba más duro y siempre conseguía lo que quería. Eduardo había enfrentado su miedo al perder la promoción ante tal persona. Creyó que no valía lo suficiente. Tenía que sentir todas las emociones relacionadas, para llegar a la comprensión de que todo lo que le disgustaba y juzgaba de la persona, era lo mismo que sentía por él.

El Intercambio de Energía

Todo en la vida es una forma de energía, que tiene su propio rayo de luz personal desde la Fuente, que para algunas personas es Dios. Árboles, plantas, rocas, peces, pájaros, insectos, animales, seres humanos, etcétera, todos tienen un rayo de luz único. Como ser humano, su forma de energía tiene la figura de un huevo y la cantidad que tenga de aquella, determina el tamaño de su campo de energía. Entre más tenga, más percepción tendrá. Esta le ayuda a tomar la responsabilidad para transformar cada acción en la vida. Al hacer esto, aumenta su campo de energía. Como guerrero, trabaja para incrementar su conciencia al reclamar la energía que ha perdido en los intercambios.

En todo momento en la vida, usted está intercambiando energía a través de la respiración, que también es energía, y por sus acciones. Cuando come una manzana, intercambia energía entre la comida y su cuerpo. Cuando canta, pasa lo mismo con el sonido, que está formado por la respiración de vida y su cuerpo. Igual sucede cuando interactúa con los demás, a través de la respiración, el poder de sus palabras y sus acciones. Hasta si por un momento ve a la mujer que limpia las oficinas en su trabajo, está intercambiando energía con ella. Sus energías se mezclan. Sin embargo, se pierden cada vez que usted se engancha en el campo de energía de alguien más, debido a una reacción emocional y una interacción.

Por ejemplo, digamos que usted es una esposa que discute con su esposo. El acto de discutir es un intercambio de energía a través de la respiración y del poder de sus palabras. Los dos se dicen palabras fuertes, el uno al otro. El pleito surge desde la domesticación del sistema de creencia, que le dice cómo se supone que debe de ser la relación, y le provoca que tengan ciertas esperanzas de cada uno. Cuando no se cumplen, usted discute. Por ejemplo, usted como esposa puede no tener lista la cena cuando su esposo llega a casa del trabajo, así que él se enoja y empieza a discutir con usted. La domesticación dentro de cada una de sus mentes crea emociones. Esto ocurre debido a los acuerdos que les fueron dados, que ahora se encuentran dentro de ustedes.

El acuerdo que su esposo lleva desde su crianza es que se supone que las esposas respeten y sirvan a sus maridos. Cuando usted no le sirve la cena, esto significa que ha sido irrespetuosa, y su respuesta emocional es el enojo. Los espejos reflectores de otras personas siempre empujan a los acuerdos a la acción. Siempre reflejan cuando no están limpios. Su esposo reacciona y siente que usted no ha sido respetuosa, porque él no se respeta a sí mismo. Si lo hiciera, vería que usted está demasiado cansada para hacer la cena porque ha tenido un día particularmente duro en la casa, ya que sus cinco hijos están enfermos. La situación no tiene nada que ver con el respeto a su marido, pero aún así él reacciona. Luego, esto oprime sus botones y entonces usted se siente inadecuada como esposa. Cuando alguien oprime sus botones, siempre hay un intercambio de energía.

Usted sabe que está enganchada y está reaccionando en un intercambio emocional de energía, cuando se siente muy agotada por una interacción. La otra persona la jala. Usted y su esposo ya tienen un acercamiento sentimental, así que cuando discuten, es muy agotador emocionalmente, porque hay un intercambio de energía derramada a su alrededor, por el poder de sus palabras.

Su marido puede expresar el poder de sus palabras con una tremenda cantidad de enojo. Este sentimiento es tan abrumador en su interior, que automáticamente quiere darle la emoción o aumentar la energía, porque usted es la otra parte del intercambio. Así que empieza a gritarle. Le lanza una tremenda cantidad de energía. Quiere que le responda. Está reaccionando totalmente y se siente enojado. A su vez, es muy probable que usted reaccione a sus palabras. Cuando lo hace, se ha enganchado. Se come las emociones de su marido. Está enganchada emocionalmente a través del poder de las palabras y sentimientos de él. Quiere engancharla para darse cuenta de sus sentimientos y se siente mejor cuando usted se come su enojo.

Luego, la emoción se enciende en usted y quiere regresarla. Por lo que dice algo con lo que él reaccione, comiéndose sus emociones. Se siente mejor, pero las emociones de él se vuelven a encender. Luego, su esposo tiene que decir algo para engancharla aún más fuerte para que reaccione otra vez. Cada uno se siente liberado sólo cuando el otro reacciona. Este es el intercambio de enojo o de cualquier emoción, al discutir.

Algunas veces no hay un intercambio mutuo de energía. Por ejemplo, su esposo puede lanzarle energía y lo único que usted hace es comérsela. Puede ser muy pasiva y tener miedo a hablar, así que va en contra de su ser y toma todo el enojo que le está lanzando. A lo mejor tiene miedo de hablar porque su esposo la ha maltratado emocional y físicamente. Puede ser que le pegue si habla con la verdad y lo hará si no lo hace. Hay una total reducción emocional y física en usted, porque toma el enojo de su marido, más el abuso. Después, se siente exhausta. Y, sobre todo, piensa que lo merece. Vive su vida creyendo que esto es amor. Es un patrón que usted vio con sus padres, a quienes sus padres se lo enseñaron. Es la única forma que conoce para estar enamorada y cómo tratar a alguien por el que siente algo. Es su expresión de amor, y el sistema de creencia de los acuerdos que yacen en su interior.

Las relaciones son ganchos muy grandes y donde las emociones más fuertes se expresan. La familia es otra área donde se intercambian emociones fuertes. Por lo que para usted como un guerrero, las relaciones y la familia son su reto más grande. Su propósito como guerrero es transformar las emociones cuando otra per-

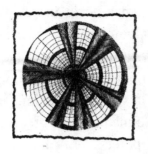

8

MARY

Ciclos de Atracción

RECUERDE QUE LAS PRIMERAS IMÁGENES EN SU VIDA FUE-
rón aquellas de sus padres o tutores y de cómo lo criaron. Estas personas fueron sus primeros maestros en la
vida. Como niño aprendió cómo vivir en este mundo,
a sobrevivir, confiar, amar, hablar; no tenía nada más
que sus cuidadores. Les dio toda su vida, aunque en
realidad no tuvo otra alternativa, porque se estaba
formando aún y dependía completamente de ellos.

Las experiencias de la infancia de Mary, que incluían el abuso, condujeron a ciertas creencias, juicios y patrones de Víctima en sus relaciones. Nació en una familia formada por una madre y un padre que trabajaban mucho en la vida. Tenían buenos trabajos y pertenecían a la clase media. Tenía todas las cosas que quería y lo que al parecer era importante que todo niño tuviera: bonitos juguetes, zapatos tenis, juegos de Nintendo y todo lo que veía en la televisión. Amaba y confiaba completamente en sus padres y, como todos los niños, captó los acuerdos que ellos le dieron. Y aceptó uno de los más grandes que un padre le puede dar a un niño: el acuerdo del abuso.

Cuando Mary era muy joven, alrededor de los siete años, estaba creciendo, divirtiéndose y disfrutando la vida. Entonces una noche cuando dormía en su recámara, su padre entró en silencio. Al momento en que se metía en su cama, ella despertó. Obviamente su padre le dijo que no dijera nada ni hiciera ruido; que era muy especial para él, que la amaba, que estaba allí para protegerla y que nada la dañaría. Se acercó demasiado a ella y luego, de repente, resbaló su mano bajo sus pantaletas y tocó su vagina. Mary estaba consternada y no supo cómo responder. Muy dentro de su ser sabía que algo estaba mal con lo que estaba pasando, pero no sabía exactamente dónde poner el límite con su padre. Lo amaba y le gustaba sentirse especial, pero estaba muy asustada. Algo estaba pasando emocionalmente y con su cuerpo que le era muy incómodo.

Su padre continuaba hablándole, diciéndole que mamá se enojaría con ella si se enteraba, porque se sentiría celosa y no entendería; entonces, mamá haría que papá mandara lejos a Mary. Empezó a preocuparle que su mamá ya no la quisiera, si sabía lo que estaba pasando. Pensó que la mandarían lejos. Entonces, los perdería a los dos y los quería mucho.

No pasó mucho tiempo para que su padre fuera a su recámara casi todas las noches. Esta relación se volvió muy penosa y triste para ella. Lo que hacían era un gran secreto. Su padre le dijo que esto era lo que los papás hacían y que era su secreto. Los papás amaban a sus hijas tanto, que tenían que tenerlas y amarlas en una forma sexual. Así que empezó a pensar que lo que su padre le estaba haciendo era amor. La estaba "amando". Ella se preguntaba si él "amaría" a su mamá de la misma forma.

La vida de Mary cambió; ya no era feliz. Tomaba la vida más seriamente. Mientras crecía, sus creencias sobre ser una pequeña niña se formaban alrededor del abuso. Desarrolló acuerdos: "La gente en la que confío y está cerca de mí, me lastima. Algo malo me pasará si les digo la verdad. No puedo decir lo que siento en realidad. Tengo que proteger a mi padre. El amor es físico. El amor lastima. No puedo decir no". Se preguntaba dónde empezaban la confianza y la verdad. Y cómo debía definir al amor entre su madre y su padre, entre ella misma y su padre. Sabía que había algo muy, muy triste en su corazón.

El abuso continuó por varios años, y se convirtió en una niña desdichada. Rompió todas las reglas que sus padres le habían dado. Odiaba a su madre, quien nunca estaba ahí para protegerla. Aprendió a manipular a su padre. Se convirtió en una Víctima. Estaba muy herida y no confiaba en nadie. La verdad sagrada que una vez había experimentado con su madre y padre había sido violada, así que ahora nunca se sentía segura ni completa. El Juez interior le dijo que el abuso era su culpa porque ella "lo pidió". Deseaba la atención; la hizo sentir especial. Luego la Víctima interna le dijo que sólo era una pobre pequeña niña asustada, que no tenía nadie a quien acudir por ayuda, ni con quien hablar y se sentía muy triste interiormente.

Ante los ojos del Sueño del Planeta, parecía que Mary llevaba una gran vida. Tenía todas las cosas materiales que deseaba. Conforme fue creciendo tuvo automóvil, ropa de alta costura, etcétera. Pero dentro en su corazón todavía estaba muy, muy triste. La herida era muy profunda. Lo que en realidad quería era la atención de sus padres, pero de una manera no sexual; nunca la consiguió. Ser sexual era la única manera que conocía para conseguir la atención que deseaba ardientemente. Así que en la preparatoria fue fácil con los muchachos y tuvo sexo casual con cualquiera que le pusiera atención. No tenía amigas ni alguien realmente cercano. No compartía sus sentimientos sobre el abuso de su padre con nadie. Se sentía vacía por dentro, como si su vida fuera una mentira, pero en realidad tampoco sabía cuál era su verdad.

Como adulta joven, Mary escogió a hombres que la trataban mal y quisieran estar con ella sólo para satisfacer sus deseos sexuales. Nunca la vieron como una amiga seria, sólo como algo en el lado del placer. No desarrolló relaciones serias ni supo cómo comunicarse con los hombres. El sexo era su única forma de comunicación. Tenía una enorme necesidad en la vida, que era ser aceptada y agradar. Sentía esto porque nunca se había gustado a sí misma. Ni siquiera llegó a quererse un poco. Sentía vergüenza por la manera en que la usaban los hombres, pero era incapaz de cambiar el patrón. Las raíces de su vergüenza yacían en el cruel juicio que tenía de ella misma, sobre estar con su padre. Sentía que era su culpa.

Más adelante en su vida, Mary conoció a un hombre de nombre Bob, que usaba grandes máscaras que

engancharon su atención. Era encantador y se divertían juntos. A pesar de que era una bella joven mujer, se
enganchó fácilmente porque sus heridas la hacían sentirse muy desesperada. Como ella, Bob también tenía
profundas heridas. Venía de una familia igual de abusiva que la de ella. Esta similitud en sus pasados no fue
una sorpresa.

La energía que le pasan a usted es igual a la de las
heridas que soporta, las que proyecta al exterior en la
vida. Atrae a la gente que tiene energías similares. Se
magnetizan mutuamente y se enamoran. Después, usted se enfrenta con los mismos patrones y creencias
con las que fue educado y el ciclo empieza otra vez.

Ser empujada hacia alguien involucra dos cosas: la
atracción y una sensación en su cuerpo físico en
respuesta a la persona. Y, naturalmente, todos
son empujados hacia alguien. La particular vibración
de energía (o rayo de luz) es la sensación que siente
y el espejo es la atracción. Esta es la forma que ve, la
apariencia de la persona, aunque eso es también
energía de verdad. Existen muchos espejos, o gente
que fueron criados en el mismo ambiente que usted
y por lo tanto, tiene el mismo campo de energía.
Sin embargo, cuando un espejo se combina con un
sentimiento físico por alguien, el resultado es una sensación de estar conectado a una persona o "quími-

ca". Usted puede anhelar la "perfecta" química en la forma de su "alma gemela".

Los dos sintieron una química especial. Se comprometieron al mes de conocerse y se casaron tres meses después. En el Sueño del Planeta, en la superficie, a Bob se le consideraba un buen marido; trabajaba duro y su esposa tenía todo lo que necesitaba. Sin embargo, poco después de casarse, se quitó las máscaras. Entonces Mary supo que este hombre no era la persona que había conocido, el que la había enganchado para dar el paso del matrimonio. Él le decía todo lo que ella quería oír, sólo para engancharla, y todo había sido mentira. Ahora que estaba casado, Bob ya no le era encantador ni alegre a nadie. Todo el tiempo estaba de mal humor y callado. Las cosas que compartieron durante su noviazgo, ya no le interesaban. Súbitamente, sintió que en realidad no lo conocía, que era un extraño para ella. Discutían todo el tiempo, intercambiando energía de la manera que se describió anteriormente.

Sin esperarlo, Mary se embarazó y tuvo una niña. A pesar de su infelicidad y debido a los acuerdos que le dieron la iglesia y su familia, sentía que necesitaba permanecer en el matrimonio y trabajar por él. Aquellos le decían que el matrimonio era para siempre, el divorcio un pecado y que los padres debían permanecer juntos por sus hijos. Por esto se quedó en ese matrimonio. La pareja se distanciaba cada vez más, y su relación se llenó de problemas. Él se acercaba cada vez más a su pequeña, y padre e hija desarrollaron un cercanía "especial". Ella se convirtió en la niña de papá. En ese tiempo, tenía siete años, estaba experimentando algunos patrones que habían existido en la vida de su madre. Bob estaba abusando de ella en la misma forma en que ambos lo habían sido, cuando niños.

Cuando Mary fue madurando, se cansó de sentirse miserable. Intentó consejo con un sacerdote, tomó antidepresivos y años y años de psicoterapia. A pesar de que todo le sirvió de la misma forma, nada le quitaba la tristeza de su corazón. Este sentimiento se volvió tan extremo que estaba desesperada. No obstante, parte de ella sabía que había algo más en la vida, algo más allá de su tristeza. Después de buscar formas alternativas para ayudarse a sí misma, encontró el trabajo Tolteca y empezó a tomar medidas. Comenzó el proceso de sanar su tristeza y otras heridas emocionales.

Primeros Pasos Hacia la Conciencia

Una vez en el camino del guerrero, Mary empezó el Acecho. Vio cómo sus padres habían vivido en ambientes abusivos y cómo los habían recreado con ella. Su madre había sido agredida emocional y sexualmente, igual que su padre. Ella se Acechó a sí misma, su vida, patrones y heridas. Inició la curación de sus heridas al quererlos más que juzgarlos. Dio un paso a la vez y fue muy amable con ella misma. Gradualmente, comenzó a tener más conciencia, a cambiar sus patrones de desear atención, amor y gentileza de los demás. Poco a poco se sintió más satisfecha en la vida. Escogió cambiar algunas malas situaciones, incluyendo divorciarse. Al hacerlo, se protegió a sí misma y a su hija, y emprendió la transformación del patrón de abuso.

Al final, Mary se amaba y se trataba con respeto y gentileza. Por lo tanto, su deseo de amor y consideración de los demás se detuvo. Se valoró mucho más; no saldría con alguien sólo por tener una relación. Únicamente lo haría con quien la tratara muy bien y con mucho respeto. También, consideraba correcto estar sola, porque ya no necesitaba de la aprobación de los demás para sentirse bien con ella misma. Se vio como una mejor persona y se gustó. En realidad, estaba disfrutando la vida.

Si usted forma parte de un ciclo de un comportamiento de abuso, ello continuará en su vida debido a que por la energía y las heridas que está cargando, le atraen las personas con un campo de energía igual al suyo. El mismo espejo, o reflejo, regresa a usted una y otra vez. La única forma en que puede cambiarlo y

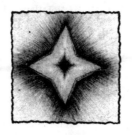

9

LA ESTRELLA
DE LA LIBERTAD

El Sueño

EN EL SUEÑO DEL PLANETA, USTED SE COMUNICA POR ME-
dio de las palabras. Si desea expresar lo que es la libertad, es posible que primero intente describirla con palabras. Es más probable que pudiera detallar algunos
aspectos sobre ella, pero tendría problemas al expresar
su esencia. Lo mismo sucede cuando ve una nube y
trata de definirla. En un momento se ve como un hermoso ángel y al siguiente como un monstruo. A cada

instante se transforma en una nueva forma, una nueva energía. Le es imposible expresar la esencia de la nube, pero puede describir la forma que para usted tiene, en un determinado momento. Y diferentes personas ven cosas distintas en ella. Usted puede verla como una casa, mientras que otra persona dirá que parece un dragón. Pero aún así, sigue siendo una nube. Lo mismo es verdad en su idea de la libertad. En un momento dado la describirá de una manera en especial, pero al siguiente algo le pasa, y su representación cambia. Puede verla de forma diferente a como la ve otra persona, sin embargo, los dos usan la palabra *libertad* para describir sus percepciones.

Su idea de la libertad está muy ligada al sistema de creencia en el cual vive. Si es en los Estados Unidos, la "tierra de la libertad", su sistema de creencia le dicta que es libre, en comparación con las personas de otros países. Su Constitución le explica todas las formas en las que usted es libre, y vive el Sueño Americano y ve la vida a través de esa domesticación. A pesar de eso, aún tiene que pagar impuestos y preocuparse en liquidar sus cuentas. También existen muchas reglas que se deben seguir y si no lo hace, hay consecuencias. Puede ir a la cárcel. Estas de cosas pueden quitarle su felicidad, así que realmente no es libre. Sus sentimientos o percepciones sobre la libertad existen dentro de las reglas y estructura del sistema. No obstante, como norteamericano, puede ser más libre que alguien de otro país, cuyo gobierno y reglamentos sean diferentes al suyo. En algunos países no se puede hablar en contra del gobierno, sin poner en peligro su vida. En los Estados Unidos se puede quejar del gobierno todo el tiempo y la libertad de hacerlo es un derecho

Las heridas que lleva encima también afectan su percepción de la libertad. Por ejemplo, usted puede pensar que es libre, si salta de una relación efímera a otra, y nunca se compromete con una sola persona ni "se ata". Justifica sus acciones diciendo que sólo se quiere divertir. Pero, por lo general, son sus heridas las que le impiden tener una relación más profunda. Ir de una persona a otra, es más fácil que solucionar los problemas que surjan con una pareja en particular. Tampoco lo deja ver su yo interno ni sus heridas, las que siempre se reflejan en el espejo de su pareja. Alejarse también le impide a su pareja ver las máscaras que usted se pone al principio de su relación, para engancharla.

Cuando domina su guerra interna, su mente y corazón a través de la disciplina y la conciencia, sana sus heridas y el sistema de creencia ya no le afecta. Finalmente, ve a la libertad tal como es. La libertad del espíritu. No importa cual sea su situación, nada se puede llevar su felicidad y satisfacción. A lo mejor la libertad verdadera era algo que nunca había probado ni entendido antes. Puede ser que siempre la entendió a través de su domesticación, aunque fuera lo que usted decía que siempre había deseado en la vida.

Antes de convertirme en una guerrera, no tenía idea de lo que era la libertad. No tenía ninguna relación con mi vida. Sólo existía como una palabra. Creía que un pájaro era la única cosa libre. A lo mejor por eso acostumbraba montar a caballo salvajemente, y andar en motocicleta a gran velocidad. El viento corriendo por mi cabello, me hacia sentir como si volara igual que un pájaro, como si fuera libre. A pesar de que no estuve conciente de ella temprano en mi vida, siempre estaba buscando la libertad. Ese era el motivo por el que bebía y usaba drogas; eran las experiencias más cercanas de la libertad que podía conseguir en ese momento. Más tarde, como una guerrera, cuando alcancé en realidad la libertad, me di cuenta que la libertad nada tenía que ver con el viento o la velocidad, o estar inhibida en las drogas. Aprendí que siempre estaba volando como un pájaro. Y ni siquiera tenía que moverme. Mi espíritu era libre. Una vez que comprendí esto dentro de mi ser, me convertí en la Estrella de la Libertad. En todo momento estaba satisfecha y disfrutaba la vida al máximo.

Las Palabras de la Estrella de la Libertad

Visualice la palabra *libertad* como un brillante rayo de luz en el centro de una estrella. Es la conexión divina con el amor puro. Existen otras palabras creadas a partir de ese centro, tales como *felicidad, goce, satisfacción, apacibilidad* y *alegría*. Estas palabras tienen un rayo de luz diferente; aún así, todas ellas forman parte del rayo de luz que es la libertad. Estas palabras y sus rayos de luz se bloquean debido a las heridas emocionales que cada cual lleva a cuestas, las que vienen de sus experiencias en la vida. Por ejemplo, a lo mejor usted es serio en lugar de alegre porque de niño su padre se fue de la casa y nunca regresó, abandonándolo a usted y a su familia. Así que a una temprana edad se vio forzado a convertirse en un adulto y conseguir un trabajo para ayudar a la familia. Ahora esta herida crea un bloqueo que le impide sentir el rayo de luz que es la alegría. Sin embargo, cuando trabaja de verdad en el camino Tolteca y elimina ese obstáculo, un día podrá empezar a sentirse alegre.

Experimentar cada palabra, o rayo de luz, no es necesariamente un proceso de todo o nada. Hay diferentes niveles para cada palabra. El que experimente depende de las heridas que cargue. Puede estar siempre serio pero algunas veces sentirse satisfecho. Mientras sigue el trabajo en el camino, puede alcanzar diferentes niveles al experimentar cada palabra y, con el tiempo, tocarlas todas. Puede ir de estar siempre serio, a algunas veces estar alegre. Para hacerlo, quita algo del bloqueo, sana la herida y toca la palabra que es alegría. Luego empieza a ver, sentir y vivir la vida en diferentes formas. Y ya que todas estas palabras lo conducen al rayo de luz que es libertad, en cada nivel de su crecimiento consigue otra probada de esta y su conexión con el amor divino.

Cuando empieza a trabajar en usted mismo, comienza en la límites más alejados del rayo de luz. Con el tiempo, cuando alcanza diferentes niveles, se mueve con dirección al centro de la estrella, hacia la libertad. En este proceso usted se convierte en las palabras a través de trabajar en su yo. Se vuelve felicidad, satisfacción, etcétera. Esto sólo ocurre por medio de la transformación; al ver los sentimientos como a sí mismo y abrazarlos. Una vez que empieza a transformar su maldad o su tristeza y se enamora del enojo y del dolor cuando se manifiestan en su interior, comienza a sentir los diversos niveles de la libertad y sus rayos.

El lugar en el cual se encuentra en este momento en su vida, hasta donde usted experimenta cada una de estas palabras, depende de su rayo de luz y de su vibración única dentro de su ser físico. En el Sueño, cada persona, así como cada pájaro, árbol y cosa que existe, tiene su propio rayo de luz personal que está conectado con la Fuente, Dios, el Creador. Y ese rayo de luz corresponde a qué tanta energía e información obtiene de la Fuente. Algunas personas nacen en esta vida con un rayo de luz más expandido, debido al trabajo que han hecho en las vidas pasadas. Pero no importa con cuanta energía usted empiece en la vida, entre más trabaje, más se expandirá su rayo de luz y experimentará más los diferentes niveles de cada palabra. Mientras trabaja, se siente más y más feliz y satisfecho. El propósito es que, con el tiempo, expanda su rayo de luz hasta el punto en el que no tenga límites. Usted se convierte en todo y las palabras ya no son importantes.

La conciencia es la clave para expandir su rayo de luz y dirigirse hacia la libertad. Es la conciencia de su ser, de cada una de sus acciones y de cómo ve la vida. Esta le permite ver los patrones para que pueda hacer elecciones. Decidir si se queda o no en una relación, cuando surge un viejo patrón insano y si cuestiona un sistema de creencia. Su nivel de conciencia le permite saber que hay algo más en la vida, además de lo que se le presenta en el Sueño del Planeta. Y es el Dominio de la Conciencia el que lo ayuda a buscar y encontrar su propia verdad personal y convertirse en la Estrella de la Libertad.

10

LOS ONCE ACUERDOS DEL GUERRERO ESPIRITUAL

Actuando

ESTE CAPÍTULO SE REFIERE A ACTUAR. LOS ANTERIORES han descrito sus heridas y las formas con las que puede ser infeliz. Éste se concentra en qué hacer con sus heridas. Existen varias directrices que debe seguir si desea estar en el Camino del guerrero Espiritual. De hecho, son algo más que directrices, son los nuevos acuerdos espirituales que debe hacer consigo mismo, para crear una vida en la cual su espíritu pueda ser libre. Describen lo que debe hacer para romper los acuerdos del Sueño del Planeta, que aprisionan su alma.

Hay once acuerdos a seguir como un guerrero Espiritual. Son:

1. Conciencia
2. Disciplina
3. No juzgar
4. Respeto
5. Paciencia
6. Confianza
7. Amor
8. Ambiente Impecable
9. Honestidad
10. Actuando
11. Energía Impecable

Estos acuerdos espirituales forman una pirámide; son guías por su camino. Su cimiento y el de todos los demás acuerdos, es la conciencia, que a su vez es la punta de la pirámide, el resultado de todo el trabajo que hace en el camino del guerrero Tolteca. De hecho, esto es el Dominio de la Conciencia.

1. Conciencia

Dominar la conciencia significa saber todo sobre usted. Lo cual significa conocer su vida personal y cómo se ve, siente, piensa y habla de usted mismo. Implica ya no ver las faltas de los demás ni juzgarlos. Sabe dentro de su corazón que culpar a los demás, no ha funcionado realmente y que su infelicidad está dentro de usted. Dominar la conciencia es la clave para cambiar los patrones de las emociones y el comportamiento que lo hacen desdichado. El punto de inicio es estar conciente que quiere cambiar *por usted mismo*. Entonces, trabajar para aumentar su conciencia involucra saber qué es lo que está haciendo a cada momento en su vida, así como de su respiración, que es su intercambio de energía con el universo.

Una vez que decide que de verdad desea cambiar y empieza a hacer el trabajo, necesita practicar el estar cien por ciento en el momento y totalmente enfocado en lo que está haciendo, mientras que al mismo tiempo empieza a darse cuenta de su respiración. Esto requiere mucho esfuerzo. Al principio es difícil aprender a estar en el momento, porque su mente siempre está pensando. Puede estar planeando algo o haciendo ciertos arreglos para cosas tan simples como la comida. En una conversación, puede estar pensando en lo que va a decir a continuación, o en lo que siente que debería hacer, en lugar de estar hablando. Existe una constante plática que se realiza en su mente, pero no se da cuenta de mucha de ella, ya que es un hábito. Así que ¿cómo detiene la plática de su mente para concentrarse en estar en el momento?

Ejercicio: Su tarea para las próximas doce horas de estar conciente es enfocarse en lo que está pensando en todo momento. Lleve un diario de cómo muchas veces, durante alguna actividad en particular, saltan en su mente pensamientos sobre otras cosas. Por ejemplo, si está hablando por teléfono con su madre, dése cuenta de los pensamientos intrusos. Cuando cuelgue, escriba cuantas veces cómo, durante la conversación, estuvo pensando en otras cosas, tales como qué iba a hacer de cenar. Si va manejando, tome conciencia de cómo su mente va en muchas direcciones diferentes. Cuando llegue a donde vaya, escriba todas las cosas que estuvo pensando, en lugar de concentrarse en manejar.

Ejercicio: Tome conciencia de su respiración todo el tiempo. Enfoque primero su inspiración, luego su exhalación y así sucesivamente, en todo momento durante el día. Cuando se dé cuenta de que ha perdido su enfoque, cambie su atención otra vez al respirar. Este es un ejercicio continuo, el cual es la clave para tener conciencia siempre. Por lo tanto, es importante hacerlo frecuentemente y durante todo su trabajo como guerrero Espiritual.

Concentrarse en su respiración no significa que necesite sentarse y quedarse quieto todo el día. De hecho, esta práctica involucra vivir la vida activamente como un ser humano y crear sus existencia mientras se enfoca y está presente en el momento. Si usted es un artista que tiene una fecha límite para entregar una pintura, estaría presente cuando pinta, mientras que simultáneamente estaría concentrado en su respiración. Nada más existiría en esos momentos aparte de la pintura y su respiración, que es su vida. Cuando el teléfono sonara, levantaría el auricular y se enfocaría sólo en la conversación y en nada más. Estaría cien por ciento presente con la persona en el teléfono. No existirían los pensamientos sobre la pintura ni fechas límite. Estaría abriendo su conciencia para vivir la vida en cada momento.

¿Qué significa vivir la vida en cada momento? Significa que con cada respiración que toma, usted vive la vida con el Ángel de la Vida y con el Ángel de la Muerte. Sólo tiene el momento presente en la vida; en realidad nunca sabe si habrá uno siguiente. Así que vivir cada momento completamente, le da la oportunidad de no arrepentirse por haberse perdido de algo.

Hay formas en las que puede experimentar remordimientos en la vida. Puede decir, "Desearía haberle dicho a mi madre que la amaba, antes de que ella muriera". O de repente usted se enferma o incapacita, y no puede hacer nada de lo que siempre había deseado porque lo pospuso para mañana. O es una madre primeriza, muy preocupada por limpiar la casa y cocinar la cena, que se pierde la alegría de oír la primera palabra de su hijo o presenciar su primer paso.

Vivir la vida en el momento expande su nivel de conciencia y su percepción de la vida. Después de practicar esto por un tiempo, puede percibir mucho a su alrededor, sin que lo distraiga. Esta práctica lo mantiene en lo que está haciendo, mientras que su conciencia permanece en algo más que está sucediendo. Un águila sabe de todas las pequeñas plumas que crean su vuelo, pero esto no lo distrae de su vuelo presente.

Eduardo, el hombre que deseaba la promoción, estaba pensando tanto en cómo iba a ser el día, que no estaba viviendo el momento. Toda su conciencia estaba en la promoción. Cuando estaba desayunando y tomando café, y su esposa le estaba hablando, él estaba pensando, "¿Quién conseguirá la promoción? ¿Seré yo o el otro? ¿Si no la consigo qué diré y cómo voy a reaccionar? ¿Cómo voy a actuar si consigo la promoción? ¿Cómo sería si la consigo? Eduardo no estaba concentrado en desayunar con su familia. Ni siquiera lo estaba en lo que su esposa le estaba platicando y no se daba cuenta que esa podría ser la última vez que viera a sus hijos. Podría haber salido después del desayuno y ser atropellado por un automóvil. No estaba viviendo la vida totalmente en el momento, ni estaba conciente de la presencia de sus regalos.

2. Disciplina

La conciencia le ayuda a crear disciplina, que es el segundo acuerdo del guerrero Espiritual. Cuando tiene la suficiente conciencia para darse cuenta que este camino es lo que desea hacer, entonces la disciplina es el proceso que lo ayuda a seguir con esta decisión. Le permite respetar mucho su promesa, que seguirá a través de la acción asociada con ella. Cualquier cosa que diga que va a hacer, con disciplina completa su promesa paso a paso. Es muy importante para todos los niveles del guerrero Espiritual, pero especialmente el principiante.

Como un guerrero Espiritual aprendiz, puede hacer demasiadas promesas o establecer muchos objetivos. Y el resultado podría no estar totalmente enfocado en cada meta y, por lo tanto, no seguir en eso. La disciplina lo ayuda a empezar un objetivo y a completarlo, a estar cien por ciento enfocado y darle todo lo que tiene. Después, dominará lo suficiente la disciplina, que será capaz de hacer dos cosas al mismo tiempo, y dar a cada una el cien por ciento de su conciencia.

Como un guerrero Espiritual principiante que hace un compromiso para verse a usted mismo, necesita mucha disciplina para adherirse al proceso. Después de un tiempo, puede empezar a sentirse cansado de trabajar de cierta manera o puede no querer ver a una determinada herida. Es más fácil huir que seguir a través de su promesa de compromiso. Se lleva mucha disciplina escoger el romper viejos patrones.

En realidad, la disciplina se refiere a decidirse a actuar, ir hacia delante cien por ciento. Sin importar lo que se le presente, ella le da fuerza de voluntad para vencer cualquier piedra que se encuentre en el camino. Lo guía para que las acepte por un momento y luego se aleje de ellas. La disciplina se refiere a respetar su promesa, sabiendo que está conectado a la Fuente, y dándose cuenta que puede abrazar, vencer y sanar cualquier herida.

3. No juzgar

El tercer acuerdo espiritual es el no juzgar. Una vez que decide ser un guerrero Espiritual, a partir de ese momento no debe juzgarse a usted mismo, a algo ni a alguien más. Es tiempo de perdonarse. El juicio es la cosa más grande que le impide verse a sí mismo. Cuando se esta juzgando, también está culpando a otras personas y diciendo, "¡Míralos a ellos y a lo qué están haciendo!". El propósito de no juzgar es tener la suficiente conciencia para que perciba cuando está empezando a juzgarse a usted o a alguien más. Sabe cuándo está siendo demasiado duro consigo mismo, y cuándo sus esperanzas en sí mismo son muy altas, y se levanta para juzgarse, cuando ellas no se han cumplido. En el instante en que se da cuenta del juicio, el propósito es cambiarse a no juzgar, usando su conciencia del momento, su respiración y el flujo del aliento de vida.

4. Respeto

El cuarto acuerdo espiritual es el respeto. Es más importante aceptar y respetarse a sí mismo tal como es al 100 por ciento: ver a todos los aspectos de su ser como perfectos, incluyendo su cuerpo, sus palabras, sus pensamientos y sus acciones. También es importante que tenga un gran respeto por todo y por todos los demás.

El respeto es un reto para el guerrero Espiritual principiante. Si no sabe cómo respetarse, será imposible respetar a los demás. Inicialmente, su conciencia de cómo está pensando sobre sí mismo viene con varias formas de juicio. Por ejemplo, puede ser que no esté a gusto con su peso o con el hecho de que es tímido. Esas clases de juicio significan que no está aceptándose ni respetándose al cien por ciento. También significan que no puede respetar completamente a la demás gente que es obesa o tímida: los está juzgando también.

Eduardo es un buen ejemplo para alguien que no se respetó. Tenía disciplina en el sentido de que trabajaba duro en el mundo, para ser educado y seguir adelante en la vida; sin embargo, también tenía el acuerdo de que la otra cultura era mejor y que tenía que trabajar el doble para probarse a sí mismo. Vencer tal acuerdo, habría sido muy, muy difícil para él (o alguien más) porque los acuerdos de este tipo están basados en el miedo, y algo así, no está cimentado en el respeto. Eduardo tenía miedo de no ser lo suficientemente bueno y un "fracaso". Se juzgó de forma muy severa y, por lo tanto, no se tuvo respeto, ni vivió la vida en el momento.

Cuando se es duro consigo mismo, no vive la vida en el momento, y al pensar en algo más, no se está respetando ni a usted ni a las demás personas a su alrededor. Tampoco respeta el regalo de la vida en ese momento.

Conseguir respeto toma los otros tres acuerdos que se han discutido aquí: la conciencia del momento, disciplinarse para alcanzar una meta a la vez y no juzgar. Estos tres acuerdos le dan más energía para abrazarse a usted mismo. Se siente más pleno cuando está en el momento, y tiene la disciplina para completar un objetivo con verdad. Se respeta más, se siente más satisfecho y feliz, y vive más intensamente el momento. Entonces sabe que está conectado a la Fuente que creó todo en la vida. También tiene más claro que usted es especial, lo que a la vez crea un respeto aún más grande por usted y por la vida. Este proceso sigue creciendo, hasta que se respete en todo momento en cada respiración.

5. Paciencia

El quinto acuerdo es la paciencia. Esto es curarse para ser gentil, amable y más que nada, paciente consigo mismo. Es el regalo más grande que se puede dar. Es también muy desafiante porque usted, como mucha gente, probablemente desea las cosas que se hacen de la noche a la mañana. Esta acostumbrado a obtenerlas ya hechas y tener de inmediato una sensación de logro. Con todo, la transformación espiritual es un proceso que lleva tiempo. Se está dando a sí mismo un gran regalo, si se permite ir pacientemente por el proceso de analizar sus heridas. Para hacer esto, ábrales la puerta por completo. Estúdielas, abrácelas, y luego límpielas gradualmente y con paciencia. Llene sus lesiones con toda la vibración del amor. Para ayudar a su paciencia, permanezca en el momento, sienta el dolor y dése cuenta de que con cada respiración, las cosas están cambiando y sanándose, aunque vea o no el proceso. Sanarse de esta manera es tratarse a sí mismo con el mayor respeto y amor, y darse el regalo más especial.

6. Confianza

Este es el sexto acuerdo del guerrero Espiritual. Confianza es una palabra poderosa. Puede darse el caso de que nunca haya tenido la oportunidad de confiar completamente en usted. Su crianza le enseñó ciertas reglas que definieron su experiencia de la confianza. Aprendió que si seguía estas reglas, había "confiado". Por ejemplo, a lo mejor aprendió que puede confiar en su pareja, si ésta sigue las reglas de no coquetear ni salir con alguien más, y de estar dedicada a usted, en acción. Y si usted hace lo mismo, se le puede considerar confiable. O a lo mejor, si es el gerente de un supermercado, confía en los cajeros, si ellos siguen las reglas de no robar y cumplir órdenes fielmente.

La confianza del guerrero Espiritual es diferente; se refiere a estar totalmente presente en sí mismo. Usted es el pájaro que escoge volar fuera del nido. Como un guerrero Espiritual, decide convertirse en un aprendiz de usted mismo, del Espíritu y de todo el universo. Escoge ser el Caballero Jaguar, al tomar su primer vuelo hacia la confianza. Al principio, esta forma de confianza le puede ser desconocida, no familiar, porque no tiene nada que ver con las reglas, sino confiar en su voz interna, el verdadero yo que lleva dentro. Y algunas veces confiar en ella significa romper las reglas, y eso puede asustarlo. Confiar se refiere a saber que será guiado en su camino y que tiene que rendirse y dejarse ir.

7. Amor

El amor es el séptimo acuerdo del guerrero Espiritual. Para seguirlo, se debe amar a usted mismo, de igual forma en que ama a los gurús, los santos, Jesús o Alá. El amor se encuentra en su interior y no fuera. El amor es usted, así que siempre necesita amarse con compasión.

Como un aprendiz que empieza, un Caballero Jaguar experimenta estas palabras del acuerdo como una cierta vibración basada en donde usted está, en su propio proceso de crecimiento. Por ejemplo, su comprensión del amor puede fundarse en lo que ha experimentado en sus relaciones, a lo mejor es un amor cimentado en la necesidad y la dependencia. Esa no es la forma confiable del amor. Mientras continua trabajando en el camino, puede experimentar estas palabras del acuerdo como una vibración diferente, basada en cómo cambia su entendimiento del amor. Antes de que pueda amar verdaderamente a alguien más, se tiene que amar a sí mismo, y hacer eso significa tener que ver sus heridas y patrones en su interior. Para abrir la puerta, debe respetarse bastante, confiar lo suficiente para dar el primer paso, y tener paciencia con su proceso. El amor transformará cada momento que decida abrazarse a usted y a sus heridas.

Cuando trabaja espiritualmente, desarrolla un cierto amor profundo por usted. Entonces, puede ser atraído por maestros que han alcanzado la meta de reflejar la forma más alta de amor. Ellos y los gurús son los más grandes espejos para reflejar amor, y para ayudarlo a transformarlo y reflejarlo a otros. No obstante, siempre se mira en el espejo y sabe que es usted mismo y a la vez los maestros y gurús; no se separa de ninguno de ellos.

8. Ambiente Impecable

El octavo acuerdo espiritual es rodearse de un ambiente impecable. Esto es muy importante porque es un reflejo de usted. Cuando empieza a limpiar su yo interno, a ver dentro de su corazón y abrir las puertas internas y las heridas, especialmente necesita crear un ambiente externo que esté limpio y que refleje al gurú que lleva adentro. Hablando prácticamente, esto significa que necesita recoger todo el tiradero y limpiar su casa, que es su templo. Así que agregue algunos toques para dar claridad al espacio donde vive o hágalo más hogareño. Concéntrese también en su apariencia personal. Mantenga su ropa limpia, planchada e impecable. Limpie su yo externo de la misma manera que lo hace con el interno.

9. Honestidad

El noveno acuerdo espiritual está dividido en tres partes. La primera es ser honesto con usted mismo: examinar su corazón y decidir qué es lo que quiere y cómo se siente realmente. La segunda es hablar con su verdad. Esto le sigue a ser honesto consigo mismo. Una vez que analice su corazón y honestamente sepa su verdad, podrá hablar con la suya. Decir a la gente lo que piensa y siente. No más mentiras ni esconderse. La tercera parte de este acuerdo es una regla de acción, basada en las dos primeras: No ir en su contra. No hacer nada contrario a su corazón o su espíritu.

Todo su propósito al convertirse en un guerrero Espiritual es aprender a hablar con su verdad y seguir a esa vocesita que lo guía en todo momento. Ella y su verdad se fortalecen, mientras usted se transforma para ser más honesto consigo mismo y escuchar a su corazón.

La única manera para no ir en su contra es sentir su verdad; ver dentro de su corazón y saber que ya no quiere continuar en cierto patrón. Usted escoge. Ese patrón es algo que ya ha hecho; algo que ya ha probado y que ya no lo quiere en su vida. Recordar el dolor u otras emociones que sintió cuando estuvo en ese patrón, le darán valor para no ir en contra suya, cuando éste vuelva otra vez.

Todos los acuerdos espirituales están construidos uno sobre el otro. Para no ir en su contra, necesita desarrollar la conciencia de sus patrones. Una vez que le han dado un acuerdo, se crea un modelo de conducta. Entonces, para usted se vuelve automático continuar con ellos. Es lo que conoce, lo que le es familiar. Quizá cuando era niño le dieron el acuerdo de que los niños deben ser vistos pero no escuchados. Lo aceptó, y luego lo llevó toda su vida como una forma inconsciente de ser. A pesar de que ahora, como una persona adulta, desearía expresar sus sentimientos o lo que piensa, instintivamente se queda callado porque ese acuerdo lo hace sentir que no tiene nada importante que decir. Al guardar silencio, está yendo en contra de lo que en efecto siente, que es querer expresarse. Por lo tanto, el reto es tener la suficiente conciencia y valor para transformar este comportamiento automático.

Cuando principia a hacer el trabajo como un guerrero Espiritual y un Caballero Jaguar, empieza a tener más conciencia. A la larga, conforme permanece más presente en el momento, reclama su energía y toma la responsabilidad de sus acciones, su nivel de energía aumenta. A su vez, ese incremento le ayuda a transformar cada patrón. Así que su intención como guerrero Espiritual es no ir en contra suya, ser honesto y hablar con su verdad, lo más claramente posible en todo momento.

Como un ejemplo, tal vez su estilo de vida en el pasado incluía muchas fiestas. La gente con la que andaba siempre se drogaba y bebía alcohol, y así era como usted socializaba con ellos. Eran sus verdaderos amigos en la vida. Pero usted sabía que se sentía muy desgraciado, así que un día dispuso que quería salir de ese sueño. Ese estilo de vida ya no le funcionaba. Se enfermó y perdió el trabajo; no estaba satisfecho en la vida. Resolvió que deseaba crearse un ambiente nuevo, en el cual respetara su cuerpo y se tratara de la manera en la que nunca antes lo había hecho. De tal modo que se vio con honestidad. Con este aumento de conciencia, decidió qué era lo que quería cambiar, qué dejar ir en su vida, y qué conservar. Debido a esta honestidad consigo mismo, cada paso en su proceso de cambio fue no ir en su contra. Honró el yo de verdad que deseaba transformarse. En cambio, al dejar esa vida atrás, perdió sus antiguos amigos, pero aún deseaba reunirse con ellos. Las pruebas más grandes ocurrieron cuando lo invitaron a ese viejo ambiente. Se sentía tan familiar; era algo que conocía muy bien. De forma instintiva, una parte de usted quería caer directamente en su viejo estilo de vida porque era seguro, como su hogar, algo que había hecho por años. Y su Parásito le estaba diciendo, "Vaya, a quién le importa, tú sabes que esto es lo que de verdad quieres hacer. Deseas realmente ir a fumar marihuana y a beber algunas cervezas". Pero su parte que se había transformado vio a su verdad: que no quería drogarse. Así que decidió no consumir drogas, ya no hacerle eso a su cuerpo. Estuvo en ese ambiente y no fue en contra suya. Este fue el resultado de ser fuerte y verdadero consigo mismo.

Cuando llegaron sus amigos y le sugirieron fumar algo de hierba, esnifar una raya de cocaína o beber cerveza, usted pudo hablar con su verdad. Muy adentro de su ser se sintió comprometido muy fuertemente con su decisión, así que les dijo, "No, de verdad decidí dejarlo y eso es lo que voy a hacer, Quiero estar aquí con ustedes porque disfruto su compañía, pero eso no quiere decir que tengo que hacer lo mismo que ustedes para divertirme".

Con el tiempo, usted y sus amigos de juerga se separaron porque no tenían nada en común, salvo los viejos recuerdos. Dejó de relacionarse con ellos, no porque los juzgara o no le agradaran, sino porque usted se transformó. Empezó a conocer personas que también se habían transformado y, con el tiempo, construyó con ellos un nuevo ambiente para usted. Estas nuevas personas se volvieron cercanas, como familia. Confió en sí mismo y se alejó del pasado, con amor y respeto.

10. Actuando

En todo momento, hay cosas que manifestar o transformar en su vida. Pero para que eso ocurra, usted tiene qué actuar. Este es el décimo acuerdo espiritual. Puede soñar en cambiar su vida, pero eso no significa que lo vaya a hacer. Es su responsabilidad no sólo examinar su corazón y ver sus patrones todos los días, sino actuar para hacer cambios en su vida. Lo puede hacer con la ayuda de los otros acuerdos espirituales.

11. Energía Impecable

El décimo primero y último acuerdo espiritual es la energía impecable. Cuando decide convertirse en Caballero Jaguar y empieza a actuar en su vida, está demandando energía y poder personal para sí mismo. Este poder surge de la forma en que coloca su energía a cada momento en su vida: durante sus conversaciones con la gente, en sus silencios con su ser, en sus actividades de trabajo. En toda actividad, emergen poderes personales de esa misma manera. Ser impecable con su energía significa estar conciente de su campo de energía en todo momento, y de la forma en que la está usando como su poder personal. Cuando lo usa con perfección, siente veneración por toda la vida y por el espejo de usted mismo, en todo lo que lo rodea. Al comunicarse con los demás, tiene el más grande respeto por sí mismo y por el poder de sus palabras. Por ejemplo, el no engancharse en chismes, es un uso impecable de la energía. Un uso no impecable sería mandar la energía sexual en todas sus interacciones, porque muy adentro sus heridas lo hacen desear atención ardientemente, aunque no se agrade en realidad ni esté cerca de amarse y respetarse. Entre más Acecho haga, más conciencia tendrá y se volverá más impecable con su energía.

Mary, que venía de una familia abusiva, se sentía miserable y deseaba salir de eso. En realidad, ella y su esposo nunca fueron honestos el uno con el otro; sólo estuvieron viviendo un patrón, una rutina. El matrimonio les dio una sensación de seguridad, porque era una estructura conocida y familiar que habían construido a su alrededor. Era un modelo que los protegía del mundo exterior. Tenían miedo de romper las barreras que habían creado, que en realidad no existían. En el momento que quiso, Mary pudo salir. Las únicas barreras que existían estaban en su mente.

Ella estaba tan desesperada de vivir dentro de las barreras que había creado, que al final tomo la decisión de cambiar su vida. Se convirtió en una aprendiz de sí misma, del universo y de Dios y trabajar para convertirse en Caballero Jaguar. Acechó todos los eventos que había experimentado de niña. Visualizó que era especial, que el abuso no había sido su culpa, que en ese momento no había podido escoger ya que era una niña, y que ahora se podía perdonar. En ese perdón, veía que ahora tenía una oportunidad porque ya no era pequeña. Podía escoger quedarse en su relación actual, una situación abusiva y desgraciada, o seguir adelante. Mary analizó su corazón y fue honesta con ella misma. Vio que no amaba a su marido. También vio los patrones de las relaciones en su vida: el ciclo de abuso consigo misma y su hija, y el miedo de estar sola. Con gran valor seleccionó romper el patrón y seguir adelante, aún si eso significaba estar sola, que era su miedo más grande. Quería cuidarse a ella y a su hija, y sanar totalmente. El respeto que se tenía estaba creciendo, y fue capaz de hablar con su verdad a su esposo. Esto era, que deseaba irse. Ya no iba a ir en contra suya. Terminaba su matrimonio.

Sus palabras y acciones fueron impecables. Esto vino de tenerse un gran respeto y un alto valor en la vida. Se amó y se vio como una persona especial. Escogió examinar su corazón, ver su verdad, decírsela con honestidad a su esposo, y no ir en contra de ella misma, sin importar lo que tomara ni cuanto miedo tuviera que enfrentar. Siguió adelante.

11

ACECHO

Cambiando el Sueño

*EL PROCESO DE TRANSFORMACIÓN EMPIEZA CON LA BÚS-*queda de una nueva forma de mirar la vida. Usted comienza esta exploración cuando se da cuenta de que su vida ya no va bien, y no está satisfecho con cada respiración. Una conciencia similar lo ha traído a leer este libro. En el camino Tolteca, la primera acción que toma como un explorador, es encontrar un nagual, el más alto maestro en este camino. Ellos han alcanzado el dominio de todos los niveles de este trabajo. Al leer este libro, usted está dando el primer paso; está buscando algo mejor en la vida, y ha encontrado las enseñanzas de un nagual.

El segundo paso es convertirse en un guerrero Tolteca, un aprendiz. Esto significa hacer un compromiso para aprender y luego seguir por todo el proceso, aunque algunas veces, sea difícil verse internamente. En el pasado, el camino Tolteca involucraba convertirse en el aprendiz de alguien que fuera nagual, pero sólo un selecto grupo de personas tenían esta oportunidad. Ahora el sueño del guerrero existe de forma diferente. En lugar de ser el aprendiz de alguien así, lo es de usted mismo, contando con la guía de las enseñanzas de un nagual. Las lecciones de este libro corresponden a esas disciplinas. Están a la disposición de toda persona que se interese. Aunque ahora el trabajo se ha abierto para todos, ser un aprendiz aún significa un serio compromiso. Se está prometiendo a usted mismo que hará lo mejor y trabajará cien por ciento hacia la autotransformación.

Hay dos niveles en el camino Tolteca y pasa por ellos a través de la trayectoria de su cruzada de transformación. El primer nivel del guerrero Tolteca es el Caballero Jaguar; el segundo, el Caballero Águila. Moverse por estos niveles es un proceso para abrir las puertas de su corazón. La clave para hacerlo es convertirse en jaguar. Esto comienza cuando entra al primer nivel del trabajo y se vuelve un Caballero Jaguar.

El Nivel del Caballero Jaguar

Los toltecas lo llamaban el primer nivel de aprendizaje, por la importancia que le daban al Jaguar y a su forma de ser. Sentían que era un gran maestro para aquellos que deseaban aprender de él, porque lo veían como un maestro acechador, viviendo y cazando en la tierra. Lo percibían alerta, calmado y concentrado totalmente en el momento. Así que en el primer nivel del trabajo, los Toltecas se visualizaban como el Jaguar, el gran acechador, para volverse los más grandes Acechadores de ellos mismos.

Acechar es una palabra fuerte en el Sueño del Planeta. Puede traerle imágenes horribles de una persona que está acechando a otra. Pero la forma Tolteca de Acecho se refiere a vigilarse a usted mismo y no a otra persona. Como un guerrero Tolteca, ve hacia su interior.

Cuando dé el paso para volverse un guerrero Espiritual, visualícese con los ojos de un gato, a través de los cuales se ve interiormente cada momento de la vida. Caza todo lo que experimenta como ser humano en esta tierra: los patrones de cómo vive su vida, murmura, piensa de los demás y los juzga; cómo habla de usted y se juzga a sí mismo, cómo actúa y qué siente. No está decidiendo si las cosas son buenas o malas, positivas o negativas. No se juzga malo porque está murmurando. No, naturalmente que no. Está reclamando la energía que ha perdido en los intercambios, conectándose con su verdad y sanando.

Examina su corazón y ve dónde están la tristeza, el enojo y la insatisfacción, abre las puertas que estas heridas cerraron. Como mucha gente, sus puertas pueden estar selladas con los cerrojos bien pintados, que le dicen que ya ha pactado con estos sentimientos, o que como existieron en el pasado y por lo tanto ya no son importantes. El propósito es sentirse lo suficientemente seguro para analizar estas partes de usted que están bloqueadas detrás de las puertas, para sanar y convertirse en el ser completo que usted es.

El Jaguar cura sus heridas lamiéndolas y amándolas. Cuando usted se ve interiormente, abre sus heridas con paciencia y amor. Abraza la tristeza y el dolor de su corazón, sin culpa. Sanar no se refiere a culpar a los demás o a sí mismo. Hacerlo no cambia la situación ni lo hace feliz. No cambia patrones ni sana las heridas que causa. Las mismas heridas son la fuente de su desgracia. Sanar es algo acerca de aceptar por completo la responsabilidad de su vida y actuar para cambiar los modelos y curar las heridas.

El Acecho es actuar. Es una herramienta que le dio el nagual que lo ayuda a ver los acuerdos que le dieron en el Sueño del Planeta, para luego limpiar sus heridas y transformar los patrones. El Acecho también le ayuda a tomar la responsabilidad de la energía que ha dirigido a otros a través de los acuerdos que le dieron, y por las duras palabras que ha dicho. Las otras personas no son las responsables de las palabras que les da todos los días. Usted lo es. El Acecho usa el poder de la respiración para sanar, o sea el amor y el respeto. Sanarse siempre se debe hacer con el más grande amor y respeto por sí mismo.

Cuando sana las heridas y deja ir la tristeza, reclama toda la energía que ha usado al interactuar con otros y que ha dejado flotando a través de toda su vida. Esto fortalece su fuerza de voluntad y usted desarrolla la conciencia para romper los patrones, y se da cuenta de que las cosas que hace en la vida son su elección. Después puede hacer selecciones positivas por sí mismo, y cuando confronta sus problemas, sus reacciones ya no son tan extremas ni lo consumen emocionalmente. En su lugar, usted es capaz de cambiar su enfoque para liberar el impacto de los problemas. Está tan desconectado, que los problemas ya no se llevan su felicidad. Tiene la posibilidad de vivir la vida más en el momento. Se empieza a sentir feliz y satisfecho, y vive al máximo. Este proceso lleva tiempo. Cuando está al nivel del Caballero Jaguar, aún se encuentra en guerra con el Parásito y con las profundas heridas que tiene en su interior. Cuando alcanza el punto en que se siente feliz y satisfecho la mayoría del tiempo, entonces se ha convertido en un Jaguar. Ha dominado sus lecciones. Por lo tanto, entra en el siguiente nivel del trabajo Tolteca: el Caballero Águila.

El Nivel del Caballero Águila

Para los guerreros Toltecas, el nivel que le sigue al del Caballero Jaguar es el del Caballero Águila. El águila también era vista como un gran maestro. Como un aprendiz, una vez que domina las lecciones del jaguar, se concentra en hacer lo mismo con las del águila. Volverse un Caballero Águila, significa cambiar de caminar como el jaguar a volar como el águila. Ella remonta el vuelo. Visualícese mirando a través de los ojos del águila y experimente sus percepciones. Al volar ve hacia abajo, a la tierra, esto proporciona una vista muy diferente de la que tiene el jaguar en la tierra. Dado que éste se enfoca en el objeto que caza, el águila percibe dos realidades en todo momento: la realidad de la caza (como el jaguar) y la del ambiente que lo rodea. Su percepción de la caza y de lo que se va a comer viene de su jaguar interior. Éste es su teleobjetivo que escoge un punto en el cual enfocarse. El águila es el lente que ve el ambiente más amplio, la visión expandida alrededor de su presa.

Cuando se convierte en un Caballero Águila, ya no ve la vida desde una sola perspectiva. Desarrolla una tremenda cantidad de conciencia, incluyendo la de tener equilibrio. Su lado humano aún está conectado a la tierra, viviendo la vida completamente a cada instante. Pero también levanta el vuelo y expande su conciencia hacia Dios o la Fuente. El águila es su espíritu. Usted experimenta la Fuente y sabe cómo se siente, aunque es posible que sea incapaz de sujetarse a ese sentimiento en todo momento. También tiene la suficiente conciencia de que se siente satisfecho, lo cual es un regalo. Así como un Caballero Águila, usted vive en ambos sueños, el del cielo y el de la tierra.

Al ser Caballero Águila experimenta el rayo de luz que es libertad, el centro de la estrella del que hablamos en el capítulo 9. De esa libertad irradia la satisfacción, la felicidad y la alegría. Usted está más alegre. Como un Caballero Águila se siente así más seguido de lo que lo hace como Caballero Jaguar, pero esto no significa que las otras emociones tales como tristeza, culpa, vergüenza, etcétera, se hayan alejado de usted por completo. Pueden seguir todavía allí, pero como usted tiene una tremenda cantidad de conciencia, puede cambiarlas mucho más rápido. No cae en las emociones; ya no es una víctima. No permite que su Parásito alimente las emociones con pensamientos como, "¿por qué yo?", "¿por qué me están tratando así?" o sintiendo pena por usted. Como un Caballero Águila, usted está consciente de que está sintiendo las emociones, pero se mantiene concentrado en todo lo que está pasando en el momento. Vive lo que siente y luego lo deja ir.

No todas las personas se convierten en Caballero Águila, pero una vez que lo hace, su propio vuelo, que es su crecimiento personal y espiritual, continúa; es eterno. Cuando domina este nivel, usted es el cielo en la tierra. Hasta puede ir a reclamar su poder como un nagual, el nivel más alto del camino Tolteca. Sin embargo, esto es raro.

El Viaje Comienza

Ahora que está listo para sanar y transformarse, tome unos cuantos minutos para comprometerse y convertirse en un aprendiz de sí mismo. Es un acto de amor, un regalo que se ha dado. A continuación se presentan una ceremonia y una oración para ayudarlo a convertirse en Caballejo Jaguar.

Para volverse un aprendiz de usted mismo, prenda una vela y siéntese en un lugar tranquilo. Aclare su mente, siéntese derecho y analice la flama mientras dice claramente estas palabras de poder.

Yo, su nombre, escojo amarme y respetarme en este nuevo principio de mi vida. Estaré presente conmigo mismo y tan honesto como pueda. Abriré la puerta para confiar en mí mismo en un nuevo nivel, y para perdonarme a mí y a los demás. Aprenderé a amar mi respiración a cada momento. ME amo.

Ahora es el momento para aprender el arte de Acecharse a usted mismo. Es un Jaguar. Hay dos partes para el Acecho: la técnica y la práctica.

La Técnica del Acecho

El acto de respirar es muy poderoso; vivificador, es un proceso purificador en un nivel físico. Al inhalar, usted toma oxígeno, una fuerza vivificadora y con cada expiración devuelve dióxido de carbono, una sustancia que no le sirve a su cuerpo. Con el Acecho, sucede el mismo proceso en un nivel energético. Cuando usa el poder de su respiración para Acechar, cambia la energía con los dos aspectos de su respiración, inhalar y exhalar.

133

La inhalación. Se usa cuando desea pedir algo que dio a alguien o a sí mismo, tales como palabras fuertes o un juicio. Mantiene la imagen de alguna interacción o situación que está revisando con los ojos de su mente. Mientras inhala (toma un aliento), visualice lo que quiere que regrese a usted y véalo filtrándose por su cuerpo hasta la Madre Tierra. Ella no es crítica y abrazará la energía que usted filtra en ella. Para cualquier imagen dada, puede desear usar la aspiración varias veces. Espere hasta que sienta en su corazón que el intercambio de energía es completo. Cuando se concentra en inspirar, la exhalación sólo le ayuda a mantener el ritmo de su respirar; no necesita enfocar su atención en ella.

La exhalación. Se usa cuando desea regresar algo a alguien. Esto es algo que le dieron y que no le pertenece. Puede ser una emoción fuerte como enojo, odio o resentimiento que dirigieron a usted, o algunas semillas o palabras de intención fuerte. Por ejemplo, si alguien le dice que es estúpido, esa palabra tiene una intención muy fuerte; es una semilla. Es un poderoso acuerdo que afecta lo que piensa sobre usted mismo, después de lo que le han dado.

Durante el Acecho, mantenga la imagen de cualquier interacción o situación que está revisando con los ojos de su mente. Al usar su exhalación, regresa la

emoción, acuerdo o semilla. Exhale con un fuerte so-
plido: imagine que un mosquito se ha posado en su
brazo y sopla para quitárselo. Para cualquier imagen
dada, puede desear exhalar varias veces. Espere hasta
que sienta en su corazón que el intercambio de energía
se ha completado. Cuando se concentra en exhalar, la
inhalación sólo le ayuda a mantener el ritmo del respirar; no necesita poner su atención en ella.

Para algunas imágenes puede usar sólo el inhalar
para traer cosas de regreso. Haga esto una o más veces
para cada imagen. Para otras, sólo usará el exhalar para regresar cosas. Y hasta en otras ocasiones puede usar
las dos formas de respiración. Siempre respire hasta
que se sienta completo, y confíe en sí mismo. Las imágenes y áreas específicas en las que se concentra, de-
penden del nivel del Acecho. Estos niveles se describi-
rán en la siguiente sección.

Puede sentirse incómodo regresando formas de
energía, tales como acuerdos y palabras duras, a la gente que se las dio. Pensará que podría sólo regresárselas
a la tierra o a la energía. Es verdad que todo en la vida
es energía y que todo carga su propia vibración personal. Una planta tiene cierta vibración y la tierra donde
se encuentra tiene una diferente. Pero durante el ciclo
de su alma como ser humano, usted es responsable de
cada acción que haga en la vida. Cuando recibe formas

de energía tales como acuerdos y palabras duras que le pertenecen, completa su destino y el ciclo de su alma. Cuando regresa la energía que otros le dieron, ayuda a esta gente a completar sus destinos y los ciclos de sus almas.

Cuando respire su intención y regrese acuerdos, hágalo siempre con amor. Y cuando pida energía, procure hacerlo con un propósito de amor. Toda respiración es amor puro; es la esencia de la vida. Haga que esta conciencia sea automática; no es algo en lo que necesite concentrarse ni hablar de él.

La Práctica del Acecho

Las sesiones en la que va a Acecho deben durar por lo menos una hora, y hacerse diariamente. Cualquier momento del día es apropiado, pero el mejor es cuando no sea molestado durante la hora completa. Es bueno si está solo, que su contestadora atienda las llamadas telefónicas y su localizador esté apagado. La mayoría de las sesiones se forman de cuatro partes. La primera es una meditación para abrir y limpiar su corazón, es una preparación para el Acecho. La segunda es el Acecho en sí, donde la concentración depende del nivel del Acecho. La tercera parte es la reflexión, un momento para compartir sus experiencias si está trabajando en grupo o para escribir un diario o grabarlas si lo está haciendo solo. Escribir un diario le ayuda a ver qué asuntos están saliendo a relucir y le permite reflejarse en sus patrones de comportamiento. Más adelante, también le muestra qué tan lejos ha ido. Si está trabajando en grupo, también es bueno usar un diario después de compartir sus experiencias. Sin embargo, si las restricciones de tiempo son un problema, esto es opcional. La cuarta parte de la sesión es el cierre y se hace con una meditación sanadora.

Existen cinco niveles de Acecho. Se deben hacer en orden y por el periodo de tiempo indicado. Cada uno se debe completar antes de empezar el siguiente. Los tres primeros se consideran como etapas del Caballero Jaguar. El cuarto y quinto son del Caballero Águila.

Siguen las descripciones de los cinco niveles del Acecho. Cada una contiene toda la información que se necesita para trabajar en ese nivel. Por lo tanto, cierta información se repite en orden para que cada sección sea una guía práctica de trabajo. No obstante, mucha de ella cambia de un nivel al otro, así que lea cada descripción con cuidado, antes de empezar a trabajar en ese nivel.

Nivel 1 Acecho: Creación de la Estrella

Objetos necesarios:

Un cristal de cuarzo que quepa en la palma de su mano
Una almohada para su cabeza
Un tapete o cobija donde recostarse
Un diario o grabadora

1. Meditación del Corazón. La Meditación abre su corazón como preparación del Acecho.

Recuéstese sobre su espalda en el piso dentro de su casa o afuera en la tierra sobre una cobija o un tapete. Coloque las palmas de las manos extendidas hacia abajo. Para mayor comodidad, puede usar una almohada para su cabeza. Cierre los ojos. Haga algunas respiraciones y concéntrese en relajarse. Sienta su cuerpo recostado en la tierra y a usted mismo rodeado totalmente por la Madre Tierra. Libérese de cualquier tensión física que tenga, y de los pensamientos en su mente. Enfóquese en el ritmo de su respiración.

Luego de algunos minutos, visualice una pequeña versión de usted en este momento de su vida. Véala entrando en su boca y luego caminando por ésta hacia abajo por la garganta con dirección al corazón. Cuando esté cerca, visualice una puerta. Ya que usted la está creando, puede ser de la forma que lo desee: hecha del más hermoso oro, o de madera intrincadamente labrada, o sencilla nada más. Lo que sea bueno para usted. Luego abra la puerta y entre en su corazón. Vea dentro de él con ojos honestos. ¿Qué ve? ¿Quiénes son las personas que ama que lleva dentro del corazón? Este es el momento de dejarlos ir. La gente que ama no le pertenece; amar es no controlar. Este momento se refiere a liberar las imágenes que ha creado de ellas, a partir del amor. Permita a sus espíritus volar. Para hacerlo, primero agradézcales por haber estado en su corazón. Luego, mientras exhala, libérelos uno por uno. Continúe exhalando y libérelos hasta que se sienta completo. Cuando lo haga, visualice un hermoso rayo de luz de sol dentro de su corazón. Este rayo es amor puro, lo alimentará y permanecerá siempre con usted. Después de unos cuantos minutos, abra los ojos.

El propósito de esta meditación es limpiar su corazón, el templo más inmaculado que jamás haya existido, y llenarlo de amor puro. La pequeña versión de usted, que entra en su corazón por la primera vez que hace esta meditación, continuará viviendo allí. Por esto, cada vez que complete la meditación, se amará incondicionalmente más y más. También se respetará como si fuera la reina, rey, gurú más importante o cualquier otra imagen de pureza. Eso es usted.

2. Acecho. Después de completar la Meditación del Corazón, siga recostado con las palmas de las manos extendidas sobre la Madre Tierra, que es el piso dentro de su casa o la tierra, afuera. También puede continuar usando una almohada para su cabeza y una frazada para recostarse. Si está trabajando con un grupo, haga que los miembros se recuesten en una formación de estrella. Las cabezas de las personas deben estar en el centro, lo que representa la brillantez de la estrella; deben están muy cerca pero sin tocarse. Sus cuerpos deben proyectarse desde el centro como el rayo de la estrella, con las piernas un poco separadas (Fig. 1, página 141). Si está trabajando solo, la orientación de su cuerpo no importa, pero sus piernas deben estar un poco separadas.

Tome conciencia de dos áreas de su cuerpo. La primera es el área de la Voluntad, que se encuentra a 4 cm por debajo del ombligo. Concentre la atención y coloque el cristal de cuarzo en esta área. Su poder es solicitado y manifestado a través de su Voluntad. La Segunda área que hay que reconocer es el Conocimiento Silencioso. Está localizado encima del centro de la parte superior de su cabeza, su chacra coronario. Es su conocimiento de todo lo que existe en el Sueño del Planeta y en la vida. Se encuentra en su interior. Para abrir su puerta, tiene que hacer lo mismo con la puerta de los recuerdos de su vida, incluyendo sus heridas.

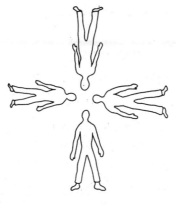

Figura 1

Respire algunas veces profundamente y ríndase ante la Madre Tierra, mantenga la conciencia en su área de la Voluntad. Visualice cómo la energía del Conocimiento Silencioso se mueve hacia abajo desde el centro de su cabeza, viajando por la garganta, pasando por los pulmones y conectándose con su Voluntad. Al hacer esto se convierten en uno solo (fig. 2, página 142). Imagínelos alargarse hacia el sol por medio de un maravilloso rayo de luz que se estira desde su área de la Voluntad.

En este primer nivel del Acecho, concéntrese en lo que pasó durante su día. Si está Acechando en la tarde, evoque todo lo que sucedió ese día hasta el momento en que empezó el Acecho. Si es de mañana cuando lo realiza, recuerde todo lo que ocurrió el día anterior.

Empiece con el instante en que abrió los ojos. ¿Qué fue lo que pensó primero? ¿Cuáles fueron las primeras palabras que salieron de su boca? Luego ¿a dónde fue y qué hizo? ¿Qué pensó acerca de otras personas, de su lugar de trabajo y de los otros ambientes en los que estuvo?. Conforme revisa todo el día y visualiza cada imagen, use la técnica del Acecho. Reclame los pensamientos, acuerdos y energía que le dio a otras personas

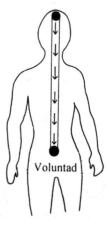

Conocimiento Silencioso

Voluntad

Figura 2

con su aspiración, fíltrelos a la Madre Tierra a través de su cuerpo. Al exhalar, use su amor para regresar algo que le dieron, como son los acuerdos y el lenguaje fuerte.

3. *Reflexión*. Siéntese una vez que ha completado el Acecho. Reflexione en su experiencia. Si está solo, escriba en un diario o grábelo. Incluya la fecha y qué está Acechando ese día. Describa lo qué surgió para usted, cómo lo limpió y qué es lo que siente ahora. Si está con un grupo, comparta sus experiencias con los demás. El papel de los miembros del grupo es tan sólo escuchar, no dar consejos, juicios ni cualquier otra cla-

se de "ayuda". Están allí para ayudarlo, al escuchar sus experiencias y nada más. No es una sesión de terapia. Después de compartir con el grupo, escriba sus experiencias en un diario o grábelas. Los diarios son herramientas importantes para sanar y documentar su jornada interior.

4. *Meditación.* De cierre para Sanar. Después de completar la fase de reflexión, recuéstese otra vez y cierre los ojos. Tome una cuantas respiraciones profundas y relájese. Imagine un enorme rayo de luz extendiéndose desde el sol a su corazón. Vea cómo ese rayo toca todas las áreas heridas que limpió al Acechar. Mientras se libera la energía que quedaba de las heridas, estas áreas se expandirán con el hermoso sanador rayo de luz desde el sol. Sienta cómo la luz calienta su corazón y viaja a través de todo su cuerpo. Sienta el ritmo de su respiración. Ahora visualice la pequeña versión que entró en su corazón durante la meditación inicial. Luego concéntrese en todas las imágenes diferentes de usted que Acechó el día de hoy. Una a una, visualícelas entrando en su cuerpo, caminando a través de su boca, continuando por la garganta y finalmente pasando por la puerta de su corazón. Vea a la pequeña versión en su corazón, abrazando cada imagen conforme entra, dándoles la bienvenida a su templo. Después de que la última imagen entre a su corazón, obsérvelas emerger en un solo ser, que corresponde a la persona que usted es ahora. Con cada respiración imagine la gentileza, la paciencia y el auto-perdón. Continúe respirando profundamente. Ahora imagine su respiración saliendo hacia las personas en quienes se concentró en su sesión de Acecho. Su respiración es amor puro. Entonces mande ese amor a su familia, a otras personas que ame, a su casa y al mundo. Sepa siempre que el rayo de luz del sol está en su interior a cada momento. Nunca se separa de él. Cuando ha terminado de mandar amor con su respiración, se puede sentar. La sesión del Acecho se ha completado.

Por las siguientes semanas continúe concentrado, durante el Acecho, en sus experiencias del día o las que ocurrieron desde su última sesión de Acecho. Esto le ayudará a conseguir el ritmo del Acecho. También empezará a ver los acuerdos en el trabajo en su vida diaria. Después de varias semanas, expanda sus sesiones para incluir las relaciones más recientes en su vida. Imagínese en ellas. ¿Cómo se ve? ¿Se ve con respeto? ¿Cómo se tratan el uno al otro? ¿Es sincero? ¿Dice su verdad y se comunica claramente? Vea las heridas que tiene en esa relación; vea los patrones y encuentre los acuerdos que le dieron. Una vez que haya completado el Acecho de esta relación más reciente, vaya hacia atrás en el tiempo y Aceche cada relación en su vida, hasta el punto donde empezó a tener citas. Este trabajo le llevará probablemente de tres a cinco meses, dependiendo ambos de sus experiencias personales, los que están relacionados de alguna manera con su edad y con la frecuencia con que Aceche.

Nivel 2 Acecho: Alineamiento de la Energía

Objetos necesarios:

Un cristal de cuarzo que quepa en la palma de su mano

Una almohada para su cabeza

Un tapete o cobija para recostarse

Un diario o una grabadora

1. Meditación del Corazón. La Meditación de Corazón lo abre como preparación del Acecho.

Recuéstese sobre su espalda en el piso dentro de su casa o afuera en la tierra, sobre una cobija o un tapete. Coloque las palmas de sus manos extendidas hacia abajo. Para mayor comodidad, puede usar una almohada para su cabeza. Cierre los ojos. Haga algunas respiraciones y concéntrese en relajarse. Sienta su cuerpo recostado en la tierra y a usted mismo totalmente rodeado por la Madre Tierra. Libérese de cualquier tensión física que tenga y de los pensamientos en su mente. Enfóquese en el ritmo de su respiración.

Luego de algunos minutos, visualice una pequeña

versión de usted en este momento de su vida. Véala
entrando en su boca y luego caminando por ésta hacia
abajo, por la garganta, con dirección al corazón.
Cuando está cerca, visualice una puerta. Ya que es su
creación, puede darle la forma que desee: hacerla del
más hermoso oro, de madera intrincadamente labrada,
o sin ningún adorno. Lo que más funcione para usted.
Luego abra la puerta y entre en su corazón. Vea dentro
de él con ojos honestos. ¿Qué ve? ¿Quiénes son las
personas que ama, que lleva dentro del corazón? Es el
momento de dejarlos ir. La gente que ama no le pertenece; amar es no controlar. Este momento se refiere a
liberar las imágenes que ha creado de ellas, a partir del
amor. Permita a sus espíritus volar. Para hacerlo, primero agradézcales por haber estado en su corazón.
Luego, mientras exhala, libérelos uno a uno. Continúe
exhalando y libérelos hasta que se sienta completo.
Cuando lo haga, visualice un hermoso rayo de luz del
sol dentro de su corazón. Este rayo es amor puro, lo
nutrirá y permanecerá siempre con usted. Después de
unos cuantos minutos, abra los ojos.

El propósito de esta meditación es limpiar su corazón, el templo más inmaculado que jamás haya existido, y llenarlo de amor puro. La pequeña versión de
usted ahora vive en su corazón. Por esto, se amará incondicionalmente más y más cada vez que complete

esta meditación. También se
respetará como si fuera la más
importante reina, rey, gurú o
cualquier otra imagen de pureza.
Esa imagen es usted.

2. Acecho. Igual que en el primer nivel del Acecho, continúe
recostado en el piso de su casa o
afuera en la tierra con las palmas
de las manos extendidas. También puede seguir usando la alm-

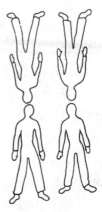

Figura 3

ohada para su cabeza y una cobija para recostarse. Si
está trabajando en grupo, haga que los participantes se
coloquen en filas de dos. Los de la primera deben recostarse uno junto al otro con sus hombros cerca pero
sin tocarse. Los de la segunda deben estar en la misma
posición, pero con sus cuerpos extendidos en la dirección opuesta y sus cabezas a unos 2.5 cm de las cabezas
de las personas de la otra fila. Cada una de su cabezas
debe estar alineada con la cabeza de la otra persona,
para que ellos trabajen en pares. Por lo tanto, lo mejor
es tener un número igual de personas (fig. 3). Trabajar
solo también está bien, en ese caso la orientación de su
cuerpo no importa. Las piernas de todos deben estar
un poco separadas.

Como en el primer nivel del Acecho, coloque su

cristal de cuarzo sobre su área de Voluntad. Luego, visualice la energía del Conocimiento Silencioso descendiendo de su chacra coronario y conectándose con su Voluntad. Las dos energías se vuelven una y desde su área de Voluntad se proyecta un rayo de luz brillante hacia el sol.

En este segundo nivel, usted está Acechando los acuerdos que le dieron sus padres. Si viven, concéntrese en las experiencias más recientes con ellos. Si uno o los dos han muerto, llame las interacciones más recientes de sus recuerdos. Empiece con sus recuerdos más próximos y vaya hacia atrás en el tiempo tan lejos como pueda recordar. Vea las situaciones, las cosas que lo hicieron enojar y provocaron que reaccionara. Visualice cómo se comunicó. Usando la inhalación, pida la energía que les dio a sus padres. Luego, con exhalación, mande su amor a sus padres y regréseles todo lo que le dieron. Evoque una escena o imagen a la vez y concéntrese en ella hasta que se sienta completo. Retroceda en el tiempo, tan lejos como pueda recordar.

3. *Reflexión*. Una vez que ha completado el Acecho, siéntese. Medite en su experiencia. Escriba o grabe lo que vio, hablándose con la verdad. Si está trabajando en un grupo, comparta sus experiencias con los demás, de nuevo diciendo, diga la verdad. Esta es una oportunidad para los participantes del grupo, para refinar sus

niveles de escuchar. Después de compartir con el grupo, escriba o grabe lo que vio de usted mismo.

4. *Meditación de cierre para Sanar.* Después de completar la fase de reflexión, recuéstese otra vez y cierre los ojos. Tome unas cuantas respiraciones profundas y relájese. Imagine un enorme rayo de luz extendiéndose desde el sol a su corazón. Vea cómo ese rayo toca todas las áreas heridas que limpió al Acechar. Mientras se libera la energía que quedaba de las heridas, estas áreas se expandirán con el hermoso rayo de luz sanador desde el sol. Sienta cómo la luz calienta su corazón y viaja a través de todo su cuerpo. Sienta el ritmo de su respiración. Ahora visualice la pequeña versión de usted, que entró en su corazón durante la meditación inicial. Luego concéntrese en todas las imágenes diferentes de usted que Acechó hoy. Una a una, visualícelas entrando en su cuerpo, caminando a través de su boca, continuando por la garganta y finalmente pasando por la puerta de su corazón. Vea a su pequeña versión en su corazón, abrazando cada imagen conforme entra, dándoles la bienvenida a su templo. Después de que la última imagen entre a su corazón, obsérvelas emerger en un ser, que corresponde a la persona que usted es ahora. Con cada respiración visualice la gentileza, la paciencia y el auto-perdón. Continúe respirando profundamente. Ahora imagine la respiración saliendo hacia sus padres. Su respiración es amor puro. Entonces mándelo a toda su familia, a otras personas que ame, a su casa y al mundo. Sepa siempre que el rayo de luz del sol está en su interior a cada momento. Nunca se separa de él. Cuando ha terminado de mandar amor con su respiración, se puede sentar. La sesión del Acecho se ha completado.

Por las siguientes semanas continúe concentrado, durante el Acecho, en la relación con sus padres. Empiece en su edad actual y luego retroceda en el tiempo. Aceche sus experiencias con sus padres, a cada edad, durante una semana aproximadamente. Lleve sus recuerdos lo más lejos que pueda, hasta cuando era muy pequeño. El periodo de tiempo necesario para completar este segundo nivel del Acecho dependerá de su edad, y de qué tan frecuentemente Aceche. Si tiene treinta años, es probable que le tome cerca de seis meses completar este nivel, si sus recuerdos llegan hasta los seis años. Si Acecha todos los días, podría cubrir cada edad en menos de una semana. Además, algunas edades tendrán menos recuerdos que otras.

Nivel 3 Acecho: Las Direcciones

Objetos necesarios:

Un cristal de cuarzo que quepa en la palma de su mano
Una almohada para su cabeza
Un tapete o cobija donde recostarse
Un diario o grabadora

1. Meditación del Corazón. Esta Meditación abre su corazón para prepararlo para el Acecho.

Recuéstese sobre su espalda en el piso dentro de su casa o afuera en la tierra, sobre una cobija o un tapete. Coloque las palmas de sus manos extendidas hacia abajo. Para sentirse más a gusto, puede usar una almohada bajo su cabeza. Cierre los ojos. Haga algunas respiraciones y concéntrese en relajarse. Sienta su cuerpo recostado en la tierra y a usted mismo totalmente rodeado por la Madre Tierra. Libérese de cualquier tensión física que tenga y de los pensamientos en su mente. Enfóquese en el ritmo de su respiración.

Luego de algunos minutos, visualice una pequeña versión de usted en este momento de su vida. Véala entrando en su boca y luego caminando por ésta hacia abajo, por la garganta, con dirección al corazón. Conforme se acerca, visualice una puerta. Ya que usted la está creando, puede tener la forma que más le agrade: hecha del más hermoso oro, de madera intrincadamente labrada, o sencilla, nada más. Lo que sea bueno para usted. Luego abra la puerta y entre en su corazón. Vea dentro de él con ojos honestos. ¿Qué ve? ¿Quiénes son las personas que ama, que lleva dentro del corazón? Este es el momento de dejarlos ir. La gente que ama no le pertenece; amar es no controlar. Este momento se refiere a liberar las imágenes que ha creado de ellas, a partir del amor. Permita volar a sus espíritus. Para hacerlo, primero agradézcales por haber estado en su corazón. Luego, mientras exhala, libérelos uno por uno. Continúe exhalando y libérelos hasta que se sienta completo. Cuando lo haga, visualice un hermoso rayo de luz del sol, dentro de su corazón. Este rayo es amor puro, lo alimentará y permanecerá siempre con usted. Después de unos cuantos minutos, abra los ojos.

El propósito de esta meditación es limpiar su corazón, el templo más puro que jamás haya existido, y llenarlo de amor inmaculado. La pequeña versión de usted ahora vive en su corazón. Por esta razón, se amará más y más incondicionalmente cada vez que complete esta meditación. También se respetará de la misma manera que lo haría con la más importante reina, rey, gurú o cualquier otra imagen de pureza, lo que de igual forma es usted.

2. *Acecho.* Una vez completada la Meditación del Corazón, siéntese. Haga este tercer nivel del Acecho en

Figura 4 y 5

una posición sentada. Doble las rodillas, mantenga sus piernas un poco separados y coloque los pies extendidos en el piso. Descanse los brazos sobre sus rodillas. Puede hacer esto ya sea dentro o fuera de su casa.

Si está Acechando con otras personas, trabaje en un grupo de cuatro. Siéntense en un círculo dándose la espalda, con sus hombros tocándose. Cada uno está de frente a una diferente dirección, norte, sur, este y oeste (fig. 4, vista de lado; fig. 5, vista de arriba).

Visualice la energía del Conocimiento Silencioso descendiendo a través de su cuerpo y uniéndose con su Voluntad. Sin embargo, en este tercer nivel del Acecho, ambos se extienden desde su cuerpo en dos diferentes direcciones. Vea la energía del Conocimiento Silencioso proyectarse desde el sol en un hermoso rayo de luz. Vea su Voluntad dirigirse hacia la dirección en la que se encuentra ubicado, en un hermoso rayo de luz. Sin embargo, siguen siendo uno. Esta visualización resulta en poderosas conexiones entre la dirección en la que usted se encuentra, el sol y todo su ser.

En el tercer nivel, usted está Acechando sus acuerdos con sus familiares y amigos. Si tiene hermanos, hermanas, cuñados o cuñadas, este es el momento de Acechar su relación con ellos. Tome unas cuantas respiraciones profundas. Con la inhalación, pida la energía que les ha dado a estos parientes. Mándela a la Madre Tierra. Ya que se encuentra sentado y no acostado, la energía se mueve hacia abajo a través de su espina dorsal hasta la Madre Tierra. Con la exhalación regrese la energía a aquellos que le dieron algún acuerdo.

3. Reflexión. Una vez que ha completado el Acecho, reflexione en sus experiencias. Escriba o grabe lo que vio, dígase la verdad. Si está trabajando en grupo, comparta sus experiencias con los demás y otra vez hable con la verdad. Después de haber hecho esto, escriba o grabe sus experiencias para usted.

4. Meditación de cierre para Sanar. Después de completar la fase de reflexión, recuéstese y cierre los ojos. Tome unas pocas respiraciones y relájese. Visualice un enorme rayo de luz extendiéndose desde el sol a su corazón. Véalo tocar todas las áreas heridas que limpió al Acechar. Conforme la energía sobrante de las heridas se libera, estas áreas se expandirán desde el sol con el hermoso rayo de luz sanador. Sienta cómo la luz calienta su corazón, y viaja a través de todo el cuerpo. Perciba el ritmo de su respiración. Ahora imagine la pequeña versión de usted que entra a su corazón, durante la meditación inicial. Luego concéntrese en las diferentes imágenes de usted que Acechó el día de hoy. Visualice a cada una de ellas entrando en su cuerpo, caminando por su boca, bajando por la garganta y finalmente pasando por la puerta a su corazón. Vea su pequeña versión en su corazón abrazando a cada imagen al momento de entrar, dándoles la bienvenida a su templo. Después que la última entre, véalas surgir en un ser, que representa a la nueva persona que es usted en este momento. Con cada respiración visualice la amabilidad, la paciencia y el auto-perdón. Continúe respirando profundamente. Ahora imagine su respiración, que es amor puro, saliendo hacia los parientes en los que se concentró en su sesión de Acecho. Luego envíe este amor a toda su familia, a otras personas que ama, a su casa y a todo el mundo. Esté conciente siempre que el rayo de luz que viene del sol está dentro de usted en todo momento. Nunca se separa de él. Cuando ha terminado de enviar amor con su respiración, se puede sentar. La sesión del Acecho se ha completado.

Terminar este tercer nivel del Acecho le llevará aproximadamente seis meses. Durante ese tiempo, Aceche sus interacciones con los demás parientes, sus tíos, tías, primos, etcétera, y además con sus amigos. Empiece con las interacciones más recientes y retroceda en el tiempo. Por un mes y medio, permanezca en la primera dirección que escogió. Después de un tiempo, cambie de posición a una nueva por el siguiente mes y medio. Continúe de esta forma hasta completar las cuatro direcciones.

Nivel 4 Acecho: Destruyendo las Imágenes

Objetos necesarios:

Una almohada para su cabeza

Un tapete o cobija donde recostarse

Un diario o grabadora

1. *Meditación del Corazón*. Esta Meditación abre su corazón y lo prepara para el Acecho.

Recuéstese sobre su espalda en el piso dentro de su casa o afuera en la tierra, sobre una cobija o un tapete. Coloque las palmas de sus manos extendidas hacia abajo. Para que esté más cómodo, puede usar una almohada para su cabeza. Cierre los ojos. Haga algunas respiraciones y concéntrese en relajarse. Sienta su cuerpo recostado en la tierra y a usted mismo totalmente rodeado por la Madre Tierra. Libérese de cualquier tensión física que tenga y de los pensamientos en su mente. Enfóquese en el ritmo de su respiración.

Luego de algunos minutos, visualice una pequeña versión de usted en este momento de su vida. Véala entrando en su boca y luego caminando por ésta hacia abajo por la garganta, con dirección al corazón. Cuando está cerca, visualice una puerta. Ya que usted la ha creado, puede ser de la forma que lo desee: hecha del más hermoso oro, o de madera intrincadamente labrada, o sencilla. Lo que sea bueno para usted. Luego abra la puerta y entre en su corazón. Vea dentro de él con ojos honestos. ¿Qué ve? ¿Quiénes son las personas que ama, que lleva dentro del corazón? Este es el momento de dejarlos ir. La gente que ama no le pertenece; amar es no controlar. Este momento se refiere a liberar las imágenes que ha creado de ellas, a partir del amor. Permita a sus espíritus volar. Para hacerlo, primero agradézcales por haber estado en su corazón. Luego, mientras exhala, libérelos uno a la vez. Continúe exhalando y libérelos hasta que se sienta completo. Cuando lo haga, visualice un hermoso rayo de luz del sol dentro de su corazón. Este rayo es amor puro y lo nutrirá y permanecerá siempre

siempre con usted. Después de unos cuantos minutos, abra los ojos.

El propósito de esta meditación es limpiar su corazón, el templo más puro que jamás haya existido, y llenarlo de amor inmaculado. La pequeña versión de usted ahora vive en su corazón. Por esta razón, se amará más y más incondicionalmente, cada vez que complete esta meditación. También se respetará como lo haría con la más importante reina, rey, gurú o cualquier otra imagen de pureza; usted lo es también.

2. Acecho. En este cuarto nivel, el Acecho es muy diferente porque involucra la destrucción de las imágenes. En esta etapa, usted rompe enormes acuerdos, tales como aquellos asociados en recuerdos de abusos. Los deja ir. Durante todo el Acecho, permanezca de pie. Empieza el Acecho con el Movimiento jaguar, por cerca de cinco minutos y luego continúa para Destruir Imágenes.

El Movimiento Jaguar. Este es un animal que siempre está alerta y listo para actuar. Empiece este Movimiento parándose de forma alerta, doble las rodillas un poco, con su peso ligeramen-

Figura 6

158

te hacia delante, como si fuera a empezar a correr. Deje que sus brazos cuelguen relajadamente a los lados. Luego doble los brazos hasta el codo; su antebrazo derecho está ahora separado de su cuerpo y frente a él. Muévalo hasta el nivel de su cabeza, coloque la palma hacia abajo, con los dedos un poco ahuecados o relajados. El antebrazo izquierdo, a su lado y doblado hasta el codo, está fuera, enfrente de su cuerpo, a la altura de la cadera. Coloque la palma de la mano hacia arriba, con los dedos un poco ahuecados o relajados. Respire profundamente y luego cambie su peso de una pierna a la otra, se está moviendo arriba y abajo muy lentamente; está zigzagueando hacia atrás y hacia delante (fig. 6, página 158).

Figura 7

Mueva los brazos de arriba y abajo al ritmo de las piernas. Baje el brazo derecho que está arriba, y suba el izquierdo, que está abajo. Cuando el derecho llegue al nivel de la cadera, voltee la mano derecha a una posición con la palma hacia arriba y cuando la izquierda llegue a la cabeza gírela a una posición con la palma hacia abajo. Luego lleve los brazos a sus posiciones originales. Gire ambas manos al mismo tiempo. Mientras sus piernas zigzaguean de arriba abajo, sus brazos giran de posición simultáneamente arriba y abajo del movimiento. Hacerlo completo es como si un jaguar estuviera corriendo. El propósito de este movimiento es hacer girar, zigzagueando, una energía de la Madre Tierra y del sol. Esto ayuda a romper los acuerdos (fig. 7, página 159).

Haga el Movimiento del jaguar por lo menos durante cinco minutos y luego deténgase. Llegue hasta una posición estable y equilibrada con los brazos a los lados. Luego levántelos frente a usted, a la mitad de su cuerpo. Dé un violento aplauso y luego frote las manos rápidamente, hasta que sienta como si se estuvieran quemando.

Imagine el Conocimiento Silencioso y su Voluntad conectándose otra vez en su área de Voluntad. Para este cuarto nivel, vea las energías subir por su espina dorsal y salir por su chacra coronario.

Figura 8

Destruyendo Imágenes.
Visualice una imagen y los cuerdos que la acompañan, que desea devolver a alguien. Vea la imagen salir súbitamente de usted e irse al uni-

verso. Luego véala destruirse como una ventana, rom-
piéndose en millones de pedazos. Imagínelos volvién-
dose energía, la que se va de usted y regresa con intención a la persona que le dio el acuerdo. Mientras hace
esto, exhale con fuerza. Extienda su brazo derecho y
hágalo girar en contra de las agujas del reloj una vez y
media. Deténgalo sobre el centro de su cabeza. Luego
llévelo al centro de su cuerpo, como si fuera una espa-
da. Páselo por sus ojos, garganta, pulmones, estómago y
la primera área de chacra. Este movimiento corta cualquier cordón de energía que lo conecte a usted con el
acuerdo (fig. 8, página 160).

A continuación, jale ambas
manos hacia atrás con las palmas extendidas hacia fuera.
Luego violentamente empuje los
brazos y manos hacia delante
como si estuviera empujando
algo lejos de su cuerpo. Su propósito es alejar los cordones
energía de usted y empujándolos
lejos (fig. 9).

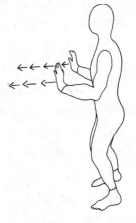

Figura 9

Siga destruyendo imágenes
hasta que se sienta completo.
Luego haga el Movimiento jaguar otra vez. En seguida,
aplauda y frote las manos juntas hasta que se calienten

con la energía. Después lleve suavemente las manos a su cuerpo, limpiando cada área: los ojos, para que puedan ver con una visión más clara; sus oídos, para oír la verdad; la garganta para que pueda hablar con su verdad en todo momento, y así pueda llorar, reír y cantar cuando lo desee; la nuca y la parte superior de la cabeza para liberar energía. Toque todo su cuerpo para limpiarlo. Al mismo tiempo, tenga la más grande gratitud por el servicio que él le proporciona a cada momento. Su cuerpo es su sirviente, así que trátelo a él y a usted con el más grande amor y respeto.

3. Meditación de cierre para Sanar. Después del Acecho, permanezca de pie en la posición de Jaguar. Cierre los ojos y visualice un ser que usted respete, como un santo, un gurú, Jesús o Alá. Véalo en su corazón y mire cómo usted y él se vuelven uno solo, la energía viaja a través de cada parte de su cuerpo, tocando cualquier área que esté enferma, que ha experimentado un abuso o que mantiene un acuerdo. Después de concentrarse en cada parte de su cuerpo, permanezca en silencio y quieto por un corto periodo. Luego, mire su respiración saliendo hacia la gente en la que se concentró en su Acecho. Su respiración es amor puro. Envíelo a su familia, a otras personas que ame, a su casa y a todo el mundo. Siempre sepa que el rayo de luz del sol está en su interior, en todo momento. Nunca se separa de él. Cuando ha terminado de enviar amor con su respiración, la sesión del Acecho esta completa.

4. Reflexión. Una vez que ha terminado el Acecho y la Meditación de Cierre para Sanar, reflexione en sus experiencias. Escríbalas o grábelas, hable con su verdad consigo mismo. Si trabaja en grupo, comparta sus experiencias con los demás, otra vez con la verdad. Sea un escucha concentrado. Después de compartir con el grupo, escriba o grabe sus experiencias para usted.

Concéntrese en este cuarto nivel del Acecho por tres o cuatro meses. En esta etapa, ha pasado el nivel del Caballero Jaguar y está trabajando en el del Caballero Águila. El jaguar siempre va a estar dentro de usted, pero ahora está levantando el vuelo y convirtiéndose en el águila. Ella remonta el vuelo y tiene una percepción expandida. Ve al mismo tiempo la vista amplia y la enfocada. En este nivel del Acecho, el trabajo se refiere a encontrar la libertad y a expandir su percepción. También tiene que pedir mucha energía y mantener mucho más poder personal. Observa cómo cambia su vida. Su conciencia en el momento ha crecido, disfruta más de la vida, está haciendo verdaderas selecciones y siendo auténtico consigo mismo.

Mientras progresa, se da cuenta de que su percepción y conciencia se han vuelto muy afinadas. Ve la vida de una nueva manera, es como si nunca la hubiera visto antes. Cada vez más escoge crear un ambiente que lo satisfaga. La gente que elige para relacionarse, comparte su nivel de visión. Ellos no van en su contra ni usted en la de ellos. Aprecia mucho la vida y todo lo ve como el hermoso guerrero que es. De verdad se ama y respeta.

Nivel 5 Acecho: Unidad

Objetos necesarios:

Usa silla maciza

1. Acecho. Este es el último nivel del Acecho. El del dominio del guerrero Caballero Águila. El de la unidad. En esta etapa, usted desarrolla la conciencia de que todo es usted mismo, porque todo viene de sus propios sentidos y emociones. No necesita regresar algo durante el Acecho, porque todo lo que visualiza es usted mismo.

En este nivel del Acecho, no hay Meditación del Corazón. Siéntese en una silla maciza, con los pies extendidos sobre el piso y las palmas de las manos en su regazo. Debe tener las piernas un poco separadas. Cierre los ojos y permanezca quieto. Respire normalmente

Concéntrese en la Voluntad Divina, que es su tercer ojo, en el centro de su frente. Envíe al sol un hermoso rayo de luz desde la Voluntad Divina. Imagínese como el sol, con rayos de luz expandiendo desde usted a todas direcciones. Ahora, visualice la imagen de algo a lo que aún está reaccionando o sintiendo un juicio. Vea esa imagen como usted mismo. No está separada de usted. Es usted. Tome la imagen de su interior como el sol, y transfórmelo en luz. Inhálelo como un rayo de luz del sol dentro de usted. No se lo envíe a alguien. Se ha transformado en su interior. Vea la imagen de todo lo que existe: los árboles, las flores, la maleza. Y ya que todo es usted, nada puede provocar que usted reaccione otra vez.

El propósito de este nivel del Acecho es verse a sí mismo como el rayo de luz que es amor puro. El amor puro es todo. Usted es todo. Todo es usted.

Después que se sienta completo, tome unos cuantos minutos para enviar su amor a todo el Sueño del Planeta, con cada exhalación. Especialmente a aquellos que han sido violados o asesinados y a los que están sufriendo. Visualícelos conociendo y sintiendo el rayo de amor que los rodea.

2. Reflexión. Si está trabajando solo, escriba o grabe sus experiencias. Si es en grupo, primero comparta con los demás.

No hay un tiempo determinado para completar este quinto nivel del Acecho. Continúe durante todo

el tiempo que lo considere importante para su crecimiento, o hasta que ya no haya separación entre usted
y todo lo demás que existe.

En Resumen: Cosas que Tener en Mente para Todos los Niveles del Acecho.

Recuerde divertirse mientras trabaja en cada nivel del
Acecho, no importa que esté solo o en un grupo.
Siempre sea honesto consigo mismo y con los demás,
sea impecable y entréguese en todo momento. No tenga miedo de sentir lo que siente y sea honesto sobre
eso. No puede huir de su enojo, su tristeza ni de su
Juez. Estos se pueden esconder por un momento y continuar construyéndose dentro de usted. Entonces de
repente algo los acciona y las emociones o juicios se
expresarán con mucha más intensidad. Así que cuando
esté Acechando, está bien llorar y liberar emociones.
Pero siempre permanezca en el momento. Concéntrese
en su respiración y sólo entréguese. Dése cuenta de lo
que está sintiendo, pero no permita que las emociones
lo consuman. Siéntalas y luego déjelas ir. Ame el enojo, el Juez y la Víctima. Abrace los celos. Está amando,
abrazando y conociendo su niño herido interno. El
conocimiento es sanar. Es éste y el abrazo los que
crean el perdón y el amor a sí mismo.

12

LA ESPIRAL

La Batalla Final

MIENTRAS SE MUEVE POR LOS DIFERENTES NIVELES DEL
Acecho, puede encontrar que continúa experimentando un acuerdo en particular. Una emoción o patrón
basado en dicho acuerdo sigue regresando a usted. Lo
ha analizado muchas veces, limpiado y liberado. Y luego, de repente, ahí está otra vez, y ahora el sentimiento
soportado en el acuerdo, es aún más grande, hasta más
intenso. Se siente como sí la emoción se expandiera.

167

Lo que en realidad está pasando es que su propio rayo de luz, que es la energía que ha reunido a su alrededor por el Acecho, se está expandiendo. Usted ha reclamado mucha de su energía y al hacerlo, su rayo de luz, amor y respeto han crecido tremendamente. Por lo tanto, cuando enfrenta la emoción del acuerdo otra vez, tiene un rayo de luz más grande brillando en él, así que se ve y se siente más intenso. Esto es la espiral.

Visualícese viajando por un sendero que empieza al pie de una montaña. Mientras sigue por el camino, sube en círculo, hasta alcanzar la cima. Una vez allí, puede ver que el sendero forma una espiral. Usted está dentro de ella, ésta forma un pico en su cabeza y se va ensanchando, conforme se extiende hasta sus pies.

El pico de la espiral es el centro de su ser espiritual. Ahí es donde se guarda la memoria de su vida. Sus rayos de luz se originan en este pico y luego se proyectan hacia su fondo. En ellos están los túneles de los acuerdos. Cuando empieza el Acecho, lo hace en la parte baja de la espiral. Mientras sigue Acechando, la escala y mira los acuerdos por el camino. En un punto golpea a uno de ellos, y luego sube más alto, da vuelta alrededor de la montaña y lo vuelve a golpear otra vez, más arriba de su túnel. La segunda vez que lo golpea, se enfrenta en una diferente vibración de luz, porque usted brilla más en la espiral. Conforme Acecha, usted sube y limpia el túnel de ese acuerdo, así que lo enfrenta varias veces antes de alcanzar la cima.

La clave no es desalentarse mientras sigue Acechando. Puede alcanzar un acuerdo que ya ha Acechado varias veces antes. Pero ahí está otra vez. Recuerde, lo que esto significa es que ha alcanzado un nuevo nivel en la espiral y ahora está limpiando ese acuerdo con un diferente rayo de luz. La emoción puede ser más intensa, porque usted ha reclamado su energía mientras ha Acechado y ahora está mirando al acuerdo con un campo de energía más grande.

Cuando la emoción llega, sin que interese lo fuerte que sea, es importante permanecer en el momento y ver el acuerdo. La energía magnificada que ha reunido durante el Acecho se le ha dado a esa emoción, que es el Parásito. Así que es aún más intensa. Sepa que está bien sentir lo que está sintiendo. Pero quédese en el momento de cada respiración. No huya del sentimiento, ni piense que está mal tenerlo. Sólo ámelo. Cuando ama el sentimiento, se está amando usted mismo.

Su propósito como un guerrero es subir la espiral y limpiar los múltiples acuerdos que lo rodean. Con el tiempo, alcanza el punto central de todos los acuerdos. Cuando lo hace, enfrenta la batalla final con la emoción de los acuerdos o el Parásito. Entonces está desafiando al dragón, su propia bestia emocional personal.

Cuando se encuentra en un estado de emoción como ese, puede sentir que se ha convertido en una bestia o en un monstruo. Ese sentimiento es intenso.

Sin embargo, para entonces, su conciencia personal ha crecido lo suficiente, como para ser capaz de permanecer en el momento y no permite que el Parásito distraiga su atención. Este momento puede ser muy extraño para usted. Se puede sentir de una manera que nunca antes experimentó. Está solo consigo mismo, enfrentándose. Está en paz y aún se está encarando, su sistema de creencia, a quien creyó ser y a quien todos los demás pensaban que seguía los acuerdos que le habían dado. Pero ahora los túneles del acuerdo están todos limpios y su rayo de luz es enorme en la cima del pico. Su verdadero yo está enfrentando al que estaba herido e infeliz, en un estado de infierno en la tierra.

Nacimiento del Ángel

La batalla final es un momento de permanecer quieto con usted mismo: platicar, meditar, estar en el momento, con su respiración, amarla y amarse a usted mismo, inhale y exhale amor. Su proceso puede durar una semana, más o menos. Esté concentrado en el momento y trátese bien. Haga un viaje. Dése un baño de tina. Vaya a ver una película. Sea amable consigo mismo. Con el tiempo todos los pequeños seres dentro de usted y que visualiza en la Meditación del Corazón emergen en uno solo, en el gran universo que es usted. Cuando se rinde a su verdadero yo, la parte de usted que es el ángel puro se manifiesta. Se convierte en uno consigo mismo y con todo. Tiene un nuevo nacimiento y ve la vida con nuevos ojos. Se vuelve el ser más radiante ha haya existido, se siente en paz y vive la vida verdaderamente por la primera vez. Esto es la libertad.

Para información sobre futuras conferencias, talleres y viajes de poder, visite la página web de doña Bernadette Vigil en *www.BernadetteVigil.com.* Puede unirse a su lista de correo electrónico, enviando un mensaje a *mailinglist@BernadetteVigil.com.*

HECHO POR IMPRESOS BEDUL
ALLENDE 161 COLONIA GUERRERO
C.P. 06300 MEXICO, D.F.
TEL.. 55 17 08 49